AF275242

Disfrute gratuitamente **DURANTE UN AÑO** de los eBook y audiolibros de las obras de Editorial Colex*

- ⊘ Acceda a la página web de la editorial **www.colex.es**

- ⊘ Identifíquese con su usuario y contraseña. En caso de no disponer de una cuenta regístrese.

- ⊘ Acceda en el menú de usuario a la pestaña «Mis códigos» e introduzca el que aparece a continuación:

RASCAR PARA VISUALIZAR EL CÓDIGO

- ⊘ Una vez se valide el código, aparecerá una ventana de confirmación y su eBook y/o audiolibro estará disponible **durante 1 año desde su activación** en la pestaña «Mis libros» en el menú de usuario.

---

* Los audiolibros están disponibles en las ediciones más recientes de nuestras obras. Se excluyen expresamente las colecciones «Códigos comentados», «Biblioteca digital» y los productos de www.vademecumlegal.es.

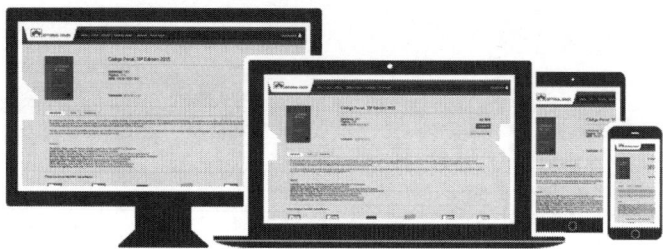

¡Gracias por confiar en nosotros!

La obra que acaba de adquirir incluye de forma gratuita la versión electrónica. Acceda a nuestra página web para aprovechar todas las funcionalidades de las que dispone en nuestro lector.

Funcionalidades eBook

Acceso desde cualquier dispositivo con conexión a internet

Idéntica visualización a la edición de papel

Navegación intuitiva

Tamaño del texto adaptable

Síguenos en:

PRESTACIÓN POR DESEMPLEO DE NIVEL CONTRIBUTIVO

Conozca todas las claves sobre la prestación
contributiva por desempleo

PRESTACIÓN POR DESEMPLEO DE NIVEL CONTRIBUTIVO

Conozca todas las claves sobre la prestación contributiva por desempleo

EDICIÓN 2024

Obra realizada por el Departamento de Documentación de Iberley

COLEX 2024

© Editorial Colex, S.L.
Calle Costa Rica, número 5, 3.º B (local comercial)
A Coruña, 15004, A Coruña (Galicia)
info@colex.es
www.colex.es

I.S.B.N.: 978-84-1194-590-5
Depósito legal: 1407-2024

SUMARIO

ANEXO I.
CASOS PRÁCTICOS

ANEXO II.
FORMULARIOS

0.
INTRODUCCIÓN Y PRINCIPALES MODIFICACIONES DEL REAL DECRETO-LEY 2/2024, DE 21 DE MAYO

La prestación por desempleo se regula de forma general en los **arts. 262-265 de la LGSS**, y de manera específica a nivel contributivo en los **arts. 266-273 de la LGSS** y en su reglamento (**Real Decreto 625/1985, de 2 de abril**).

La prestación contributiva por desempleo es un pilar fundamental en el sistema de seguridad social de España, ofreciendo un soporte económico a aquellos trabajadores que han perdido su empleo y que, durante su periodo laboral, han contribuido al sistema. Este mecanismo no solo busca proporcionar una ayuda económica temporal a los desempleados, sino también facilitar su reincorporación al mercado laboral. Sin embargo, como parte de un entorno económico y social en constante evolución, la legislación que regula estas prestaciones debe adaptarse a los nuevos desafíos y necesidades de la sociedad.

En este contexto, el **Real Decreto-ley 2/2024, de 21 de mayo**, emerge como una actualización crucial a la normativa existente, introduciendo modificaciones significativas destinadas a mejorar y adaptar la prestación contributiva por desempleo a las circunstancias actuales. Este documento se propone explorar las implicaciones de estas recientes modificaciones, analizando cómo afectan tanto a los beneficiarios de la prestación como al sistema de seguridad social en su conjunto. A través de este análisis, se busca ofrecer una visión comprensiva de la evolución de la prestación contributiva por desempleo en España, subrayando la importancia de su adaptación a las dinámicas socioeconómicas contemporáneas.

Categorías, niveles de desempleo y acción protectora

El art. 262 de la LGSS define la prestación por desempleo como la protección de quienes, pudiendo y deseando trabajar, pierden su empleo, de forma temporal o definitiva, o se les reduce, temporalmente, su jornada laboral en una tercera parte (como mínimo) con la correspondiente reducción de salario.

Para el acceso a esta prestación es necesario cumplir los requisitos legalmente establecidos y, dado que a nivel contributivo su financiación se basa en la cotización de trabajadores, empresarios y aportaciones del Estado, la cotización previa del trabajador al sistema de la Seguridad Social por esta contingencia.

La protección por desempleo se clasifica en **dos categorías principales: total y parcial**. La primera se aplica a quienes cesan completamente en su actividad laboral, mientras que la segunda atiende a aquellos cuya jornada de trabajo se reduce temporalmente entre un 10 % y un 70 %, con una disminución proporcional del salario. Este sistema dual busca adaptarse a las variadas circunstancias que pueden llevar a un trabajador a enfrentarse al desempleo, ya sea de manera total o parcial (arts. 262.2 de la LGSS).

Además, la protección se divide en **dos niveles: contributivo y asistencial**. El nivel contributivo se dirige a trabajadores que, tras perder su empleo, reciben una prestación basada en su historial de cotización (arts. 266 y ss. de la LGSS). Por otro lado, el nivel asistencial (art. 274 y ss. de la LGSS) ofrece un soporte a aquellos en situaciones específicas, como haber agotado la prestación por desempleo y tener responsabilidades familiares, ser trabajador español emigrante retornado, víctima de violencia de género, o ser mayor de 52 años cumpliendo ciertos requisitos.

La **protección** por desempleo comprenderá las prestaciones siguientes:

Nivel contributivo	Prestación por desempleo total o parcial. Abono de la aportación de la empresa correspondiente a las cotizaciones a la Seguridad Social durante la percepción de las prestaciones por desempleo (salvo en los supuestos previstos en el art. 273.2 de la LGSS).
Nivel asistencial	Subsidio por desempleo. Abono de la cotización a la Seguridad Social correspondiente a la contingencia de jubilación durante la percepción del para mayores de 52 años (art. 280 de la LGSS). Derecho a las prestaciones de asistencia sanitaria y, en su caso, a las prestaciones familiares, en las mismas condiciones que los trabajadores incluidos en algún régimen de Seguridad Social.

La acción protectora comprenderá, además, **acciones específicas** de formación, perfeccionamiento, orientación, reconversión e inserción profesional en favor de los trabajadores desempleados y aquellas otras que tengan por objeto el fomento del empleo estable. Todo ello sin perjuicio, en su caso, de las competencias de gestión de las políticas activas de empleo que se desarrollarán por la Administración General del Estado o por la Administración Autonómica correspondiente, de acuerdo con la normativa de aplicación. En concreto, las políticas activas de empleo pueden comprender la concesión de subvenciones públicas (art. 36.3 del citado texto refundido de la Ley básica de empleo), y así ha sido en el caso de las ayudas económicas de acompañamiento previstas en los programas de recualificación profesional de las personas que agoten su protección por desempleo y de activación para el empleo, (denominados «Prepara» y PAE), que fueron objeto de las SSTC 100/2017, 153/2017, 156/2017 y 40/2019.

Por su parte, en la acción protectora de la protección por desempleo, de nivel contributivo o asistencial, están comprendidas, «(...) además, acciones específicas de formación, perfeccionamiento, orientación, reconversión e inserción profesional en favor de los trabajadores desempleados y aquellas otras que tengan por objeto el fomento del empleo estable. Todo ello sin perjuicio, en su caso, de las competencias de gestión de las políticas activas de empleo que se desarrollarán por la Administración General del Estado o por la Administración Autonómica correspondiente, de acuerdo con la normativa de aplicación» (art. 265.2 de la LGSS y STC n.º 133/2019, ECLI:ES:TC:2019:133).

Los trabajadores que provengan de los países miembros del Espacio Económico Europeo, o de los países con los que exista convenio de protección por desempleo, obtendrán las prestaciones por desempleo en la forma prevista en las normas de la Unión Europea o en los convenios correspondientes.

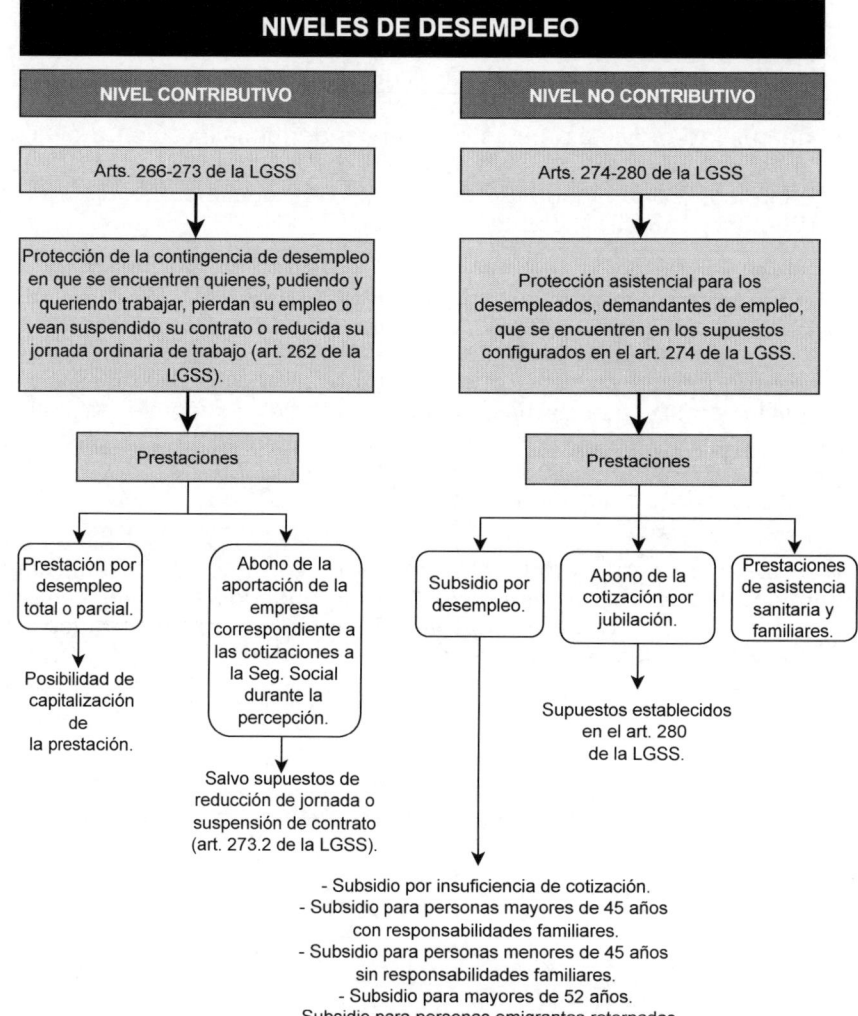

NIVELES DE DESEMPLEO

NIVEL CONTRIBUTIVO

Arts. 266-273 de la LGSS

Protección de la contingencia de desempleo en que se encuentren quienes, pudiendo y queriendo trabajar, pierdan su empleo o vean suspendido su contrato o reducida su jornada ordinaria de trabajo (art. 262 de la LGSS).

Prestaciones

Prestación por desempleo total o parcial.

Posibilidad de capitalización de la prestación.

Abono de la aportación de la empresa correspondiente a las cotizaciones a la Seg. Social durante la percepción.

Salvo supuestos de reducción de jornada o suspensión de contrato (art. 273.2 de la LGSS).

NIVEL NO CONTRIBUTIVO

Arts. 274-280 de la LGSS

Protección asistencial para los desempleados, demandantes de empleo, que se encuentren en los supuestos configurados en el art. 274 de la LGSS.

Prestaciones

Subsidio por desempleo.

Abono de la cotización por jubilación.

Prestaciones de asistencia sanitaria y familiares.

Supuestos establecidos en el art. 280 de la LGSS.

- Subsidio por insuficiencia de cotización.
- Subsidio para personas mayores de 45 años con responsabilidades familiares.
- Subsidio para personas menores de 45 años sin responsabilidades familiares.
- Subsidio para mayores de 52 años.
- Subsidio para personas emigrantes retornadas.
- Subsidio para salidos de prisión.
- Subsidio para víctimas de violencia doméstica o sexual desde los 16 años.
- Subsidio para trabajadores eventuales agrarios.
- Subsidio para residentes en Marruecos que hayan desempeñado algún tipo de trabajo en Ceuta y Melilla.

RESOLUCIONES RELEVANTES

STS n.º 646/2021, de 23 de junio de 2021, ECLI:ES:TS:2021:2619

La cuestión que se plantea en este recurso de casación para la unificación de doctrina es decidir si tiene derecho a percibir prestación por desempleo la trabajadora que presta servicios en virtud de un contrato indefinido a tiempo parcial —73,97 %, correspondiente a 270 días— que ha realizado la totalidad de su actividad compactada en dichos días y reclama prestación por desempleo al finalizar los 270 días.

«La actora había realizado la totalidad de su actividad laboral, es decir el 73,97 % de jornada, correspondiente a 270 días, cuando solicitó prestaciones por desempleo. No ha habido suspensión de contrato ni reducción de jornada ya que la actora realizó la totalidad de la jornada para la que había sido contratada, percibiendo la pertinente retribución, no constituyendo situación legal de desempleo el resto de jornada hasta alcanzar la jornada a tiempo completo. En efecto, si su contrato es indefinido a tiempo parcial, una vez realizado el periodo de parcialidad convenido, no se genera situación legal de desempleo. Atendiendo a lo establecido en el artículo 262.2 y 3 de la LGSS, la actora no se encuentra en situación de desempleo total ni parcial y, al no haberlo entendido así la sentencia recurrida, procede la estimación del recurso formulado».

STS, rec. 2328/1996, de 24 de febrero de 1997, ECLI:ES:TS:1997:1290

«(...) concurre desempleo parcial cuando el trabajador vea reducida temporalmente su jornada de trabajo, al menos en una tercera parte, siempre que el salario sea objeto de análoga reducción. Es verdad que el adverbio temporalmente que figura en el enunciado normativo parece estar referido en una primera aproximación a la duración de la reducción de la jornada, lo que significaría reducción de duración limitada de la jornada de trabajo, y no a la extensión de la jornada que es objeto de reducción, lo que significaría reducción en la duración o extensión de la jornada de trabajo. Esta última significación es redundante, y parece por ello contrariar la presunción del legislador cuidadoso en el uso del lenguaje. Pero lo cierto es que la primera de estas alternativas de interpretación, que excluye de la protección del desempleo parcial a la reducción de jornada por tiempo indefinido, debe ser descartada por razones hermenéuticas muy poderosas».

STSJ de Aragón n.º 519/2003, de 7 de mayo de 2003, ECLI:ES:TSJAR:2003:1399

Situación de desempleo total temporal y suspensión de contratos: el TSJ manifiesta que estamos ante situación de desempleo total temporal, que —reuniendo los requisitos— genera el derecho del trabajador a la correspondiente prestación sustitutoria de las rentas dejadas de percibir. No puede haber, en casos como el presente, días en que ni se reciba retribución, por acción de la suspensión, ni reuniendo los requisitos, prestación por desempleo. En la situación analizada, la empresa retribuyó (en los meses en que hizo uso de alguno de los días de suspensión) en función de las jornadas de trabajo que no se vieron afectadas por la suspensión, lo que produjo el equivalente a 1,4659 «días de no retribución» por cada jornada de trabajo efectivo no realizada por los trabajadores, por acción de la suspensión. Por ello, si se aplicase el coeficiente 1,25 resultaría, en definitiva, que el equivalente a 3,71 días quedaba sin cobertura retributiva y, también, sin cobertura de la prestación correspondiente a esos días de desocupación. El régimen retributivo seguido por la empresa quedó confirmado por sentencia de instancia.

Novedades en la prestación contributiva por desempleo

Mediante el Real Decreto-ley 2/2024, de 21 de mayo (BOE 22/05/2024) —y tras el anterior intento mediante el Real Decreto-ley 7/2023, de 19 de diciembre que no fue convalidado por el congreso—, se realizaba una profunda reforma de la prestación por desempleo a nivel asistencial. No obstante, la reforma alcanzaba también la prestación contributiva por desempleo. **Las principales modificaciones en la prestación contributiva por desempleo aplicables desde el 23/05/2024 son:**

1. **Opciones en caso de interrumpir la prestación por desempleo para trabajar durante un periodo de tiempo igual o superior a 12 meses:** se permite elegir entre cobrar de un prestación por desempleo anterior o iniciar una nueva con las cotizaciones del último trabajo (art. 269.3 de la LGSS) cuando «(...) el derecho a la prestación se extinga por realizar el titular uno o varios trabajos de duración acumulada igual o superior a doce meses, sin reanudar entre ellos la prestación por desempleo (...)».

2. **La interrupción del acuerdo de actividad supondrá la suspensión de la prestación** [art. 271.1.a) de la LGSS].

3. **Se amplía el plazo de salida ocasional al extranjero** [art. 271.1.g) de la LGSS].

4. **Se modifica la regulación de la reanudación de la prestación por desempleo tras realización de actividad** [art. 271.3 de la LGSS].

5. **Dos nuevas causas de extinción de la prestación contributiva** [art. 272.1.c) y h) de la LGSS]:

   – Realización de un trabajo de duración igual o superior a veinticuatro meses, en el caso de actividades con alta en alguna mutualidad de previsión social alternativa al Régimen Especial de la Seguridad Social de los Trabajadores por Cuenta Propia o Autónomos.

   – El transcurso del plazo de seis años desde la fecha de baja de la prestación sin haber reanudado el derecho.

6. **Durante los periodos de inactividad de personas trabajadoras fijas discontinuas se aplicará lo establecido de forma general para los supuestos de desempleo e IT** (nuevo art. 283.3 de la LGSS).

7. **Modificación de las normas aplicables a los trabajadores incluidos en el Sistema Especial para Trabajadores por Cuenta Ajena Agrarios** (arts. 286 y 287 de la LGSS).

8. **Reintegro de pagos indebidos y fraccionamientos de las prestaciones indebidamente percibidas** (art. 295 de la LGSS y Real Decreto 625/1985, de 2 de abril).

9. **Nuevas obligaciones formales** (art. 299 de la LGSS): obligación de proporcionar la documentación e información que reglamentariamente se determinen a efectos del reconocimiento, suspensión, extinción o reanudación del derecho a las prestaciones y de presentar anualmente la declaración de IRPF [art. 299.1.j) de la LGSS].

10. **Acceso a la prestación por desempleo de los trabajadores transfronterizos marroquíes:** se regula el acceso extraordinario de los trabajadores transfronterizos a la prestación contributiva por desempleo, sin necesidad de acreditar residencia en España (nueva D.A. 56.ª de la LGSS).

11. **Necesidad de justificación de que las cantidades abonadas por pago único de la prestación por desempleo se empleen correctamente** (nuevo art. 7.3 del Real Decreto 1044/1985, de 19 de junio).

12. Se modifica el léxico de la regulación para los supuestos de prestación por desempleo y nacimiento y cuidado de menor (art. 284 de la LGSS).

13. La realización de prácticas formativas, prácticas académicas externas incluidas en programas de formación o programas de formación para el empleo serán compatibles con la prestación por desempleo (y el subsidio).

14. Compatibilidad de las prestaciones por desempleo con el trabajo a tiempo parcial o completo a partir de 1 de abril de 2025 (D.A. 59.ª.3 de la LGSS). La prestación contributiva por desempleo se podrá compaginar con un empleo por cuenta ajena cuyo salario bruto mensual no supere el 375 % del Indicador Público de Rentas (IPREM), para ello será necesario que se hayan devengado nueve meses de paro y que el derecho reconocido fuera igual o superior a un año. Esto será aplicable a las prestaciones reconocidas a partir del 1 de abril de 2025.

> **A TENER EN CUENTA.** A pesar de que las novedades que analizaremos se realizan **con efectos de 23/05/2024**, de conformidad con la D.T. 1.ª del Real Decreto-ley 2/2024, de 21 de mayo, las nuevas previsiones **serán aplicables para las prestaciones posteriores al 01/11/2024**, por lo que los derechos reconocidos antes de esa fecha se mantienen con la normativa anterior hasta su extinción.

‖ Opciones en caso de interrumpir la prestación por desempleo para trabajar durante un periodo de tiempo igual o superior a 12 meses

Se añade la expresión «sin reanudar entre ellos la prestación por desempleo» concretando las posibilidades de elegir entre cobrar de un prestación por desempleo anterior o iniciar una nueva con las cotizaciones del último trabajo cuando se el derecho a la prestación se extinga por realizar el titular uno o varios trabajos de duración acumulada igual o superior a doce meses (art. 269.3 de la LGSS):

ART. 269.3 DE LA LGSS HASTA EL 22/05/2024	ART. 269.3 DE LA LGSS DESDE EL 23/05/2024
«3. Cuando el derecho a la prestación se extinga por realizar el titular un trabajo de duración igual o superior a doce meses, este podrá optar, en el caso de que se le reconozca una nueva prestación, entre reabrir el derecho inicial por el período que le restaba y las bases y tipos que le correspondían, o percibir la prestación generada por las nuevas cotizaciones efectuadas. Cuando el trabajador opte por la prestación anterior, las cotizaciones que generaron aquella prestación por la que no hubiera optado no podrán computarse para el reconocimiento de un derecho posterior, de nivel contributivo o asistencial».	«3. Cuando el derecho a la prestación se extinga por realizar el titular uno o varios trabajos de duración acumulada igual o superior a doce meses, sin reanudar entre ellos la prestación por desempleo, podrá optar, en el caso de que se le reconozca una nueva prestación, entre reabrir el derecho inicial por el período que le restaba y las bases y tipos que le correspondían, o percibir la prestación generada por las nuevas cotizaciones efectuadas. Cuando el trabajador opte por la prestación anterior, las cotizaciones que generaron aquella prestación por la que no hubiera optado no podrán computarse para el reconocimiento de un derecho posterior, de nivel contributivo o asistencial».

Suspensión de la prestación por interrupción del acuerdo de actividad

Entre los requisitos para el acceso a las prestaciones por desempleo [art. 266.c) de la LGSS] es necesario «encontrarse en situación legal de desempleo, acreditar disponibilidad para buscar activamente empleo y para aceptar colocación adecuada a través de la suscripción del acuerdo de actividad al que se refiere el artículo 3 de la Ley 3/2023, de 28 de febrero, de Empleo».

No se considerará en situación legal de desempleo a los trabajadores que, aun encontrándose en alguna de las situaciones legales de desempleo, no acrediten su disponibilidad para buscar activamente empleo y para aceptar colocación adecuada, a través del acuerdo de actividad [art. 267.2.b) de la LGSS].

Siguiendo esta regulación, tras la suspensión del derecho a prestación por desempleo en caso de sanción, se establece la obligación de reactivación del acuerdo de actividad por parte del beneficiario para la reanudación de la prestación.

ART. 271.1.a) DE LA LGSS HASTA EL 22/05/2024	ART. 271.1.a) DE LA LGSS DESDE EL 23/05/2024
«a) Durante el periodo que corresponda por imposición de sanción por infracciones leves y graves en los términos establecidos en el texto refundido de la Ley sobre Infracciones y Sanciones en el Orden Social. Si finalizado el período a que se refiere el párrafo anterior, el beneficiario de prestaciones no se encontrara inscrito como demandante de empleo, la reanudación de la prestación requerirá su previa comparecencia ante la entidad gestora acreditando dicha inscripción».	«a) Durante el periodo que corresponda por imposición de sanción por infracciones leves y graves en los términos establecidos en el texto refundido de la Ley sobre Infracciones y Sanciones en el Orden Social. Si finalizado el período a que se refiere el párrafo anterior, el beneficiario de prestaciones no se encontrará inscrito como demandante de empleo o mantuviera suspendido el acuerdo de actividad, la reanudación de la prestación requerirá la previa acreditación de dicha inscripción y de la reactivación del acuerdo de actividad por parte del beneficiario, ante la entidad gestora, mediante cualquier medio válido en derecho».

A TENER EN CUENTA. Este aspecto había sido modificado con efectos de 02/03/2023 por la Ley 3/2023, de 28 de febrero.

Ampliación del plazo de salida ocasional al extranjero

Se amplía el plazo de salida ocasional al extranjero, pasando a ser de treinta días en lugar de los quince días establecidos en la actualidad [art. 271.1.g) de la LGSS].

ART. 271.1.g) DE LA LGSS HASTA EL 22/05/2024	ART. 271.1.g) DE LA LGSS DESDE EL 23/05/2024
«g) En los supuestos de estancia en el extranjero por un período, continuado o no, de hasta noventa días naturales como máximo durante cada año natural, siempre que la salida al extranjero esté previamente comunicada y autorizada por la entidad gestora. No tendrá consideración de estancia ni de traslado de residencia la salida al extranjero por tiempo no superior a quince días naturales por una sola vez cada año, sin perjuicio del cumplimiento de las obligaciones establecidas en el artículo 299».	«g) En los supuestos de estancia en el extranjero por un período, continuado o no, de hasta noventa días naturales como máximo durante cada año natural, siempre que la salida al extranjero esté previamente comunicada y autorizada por la entidad gestora. No tendrá consideración de estancia ni de traslado de residencia la salida al extranjero por tiempo no superior a treinta días naturales por una sola vez cada año, sin perjuicio del cumplimiento de las obligaciones establecidas en el artículo 299».

‖ Modificación de la regulación de la reanudación de la prestación por desempleo tras la realización de actividad [art. 271.3 de la LGSS]

En paralelo a las modificaciones relacionadas con la suspensión y extinción de la prestación, se da una nueva redacción la reanudación de la prestación por desempleo tras realización de actividad:

ART. 271.3 DE LA LGSS HASTA EL 23/05/2024	ART. 271.3 DE LA LGSS DESDE EL 23/05/2024
«4. La prestación o subsidio por desempleo se reanudará: a) De oficio por la entidad gestora, en los supuestos recogidos en la letra a) del apartado 1 siempre que el período de derecho no se encuentre agotado y el trabajador figure inscrito como demandante de empleo. b) Previa solicitud del interesado, en los supuestos recogidos en los párrafos b), c), d), e), f) y g) del apartado 1, siempre que se acredite que ha finalizado la causa de suspensión, que, en su caso, esa causa constituye situación legal de desempleo o inscripción como demandante de empleo en el caso de los trabajadores por cuenta propia, o que, en su caso, se mantiene el requisito de carencia de rentas o existencia de responsabilidades familiares. En el supuesto de la letra d) del apartado 1, en lo referente a los trabajadores por cuenta propia que causen alta en el Régimen Especial de la Seguridad Social de los Trabajadores por Cuenta Propia o Autónomos o en el Régimen Especial de la Seguridad Social de los Trabajadores del Mar, la prestación por desempleo podrá reanudarse cuando el trabajo por cuenta propia sea de duración inferior a sesenta meses.	«3. La prestación por desempleo se reanudará: a) De oficio por la entidad gestora, en los supuestos recogidos en el apartado 1.a) siempre que el período de derecho no se encuentre agotado. b) Previa solicitud del interesado, en los supuestos recogidos en las letras b), c), d), e), f) y g) del apartado 1, siempre que se acredite que ha finalizado la causa de suspensión, que, en su caso, esa causa constituye situación legal de desempleo o inscripción como demandante de empleo en el caso de los trabajadores por cuenta propia. Si tras el cese en el trabajo por cuenta propia el trabajador tuviera derecho a la protección por cese de actividad, podrá optar entre percibir esta o reabrir el derecho a la protección por desempleo suspendida. El derecho a la reanudación nacerá a partir del término de la causa de suspensión siempre que se solicite en el plazo de los quince días siguientes, y el reconocimiento de la reanudación requerirá la inscripción como demandante de empleo y la reactivación del acuerdo de actividad a que se refiere el artículo 3 de la Ley 3/2023, de 28 de febrero, salvo en aquellos casos en los que la entidad gestora exija la suscripción de un nuevo acuerdo.

ART. 271.3 DE LA LGSS HASTA EL 23/05/2024	ART. 271.3 DE LA LGSS DESDE EL 23/05/2024
Los trabajadores por cuenta propia que soliciten la reanudación de la prestación o subsidio por desempleo con posterioridad a los veinticuatro meses desde el inicio de la suspensión deberán acreditar que el cese en la actividad por cuenta propia tiene su origen en la concurrencia de motivos económicos, técnicos, productivos u organizativos, fuerza mayor determinante del cese, pérdida de licencia administrativa, violencia de género, violencia sexual, divorcio o separación matrimonial, cese involuntario en el cargo de consejero o administrador de una sociedad o en la prestación de servicios a la misma y extinción del contrato suscrito entre el trabajador autónomo económicamente dependiente y su cliente, todo ello en los términos previstos reglamentariamente. Si tras el cese en el trabajo por cuenta propia el trabajador tuviera derecho a la protección por cese de actividad, podrá optar entre percibir esta o reabrir el derecho a la protección por desempleo suspendida. Cuando el trabajador opte por la prestación anterior, las cotizaciones que generaron aquella prestación por la que no hubiera optado no podrán computarse para el reconocimiento de un derecho posterior. El derecho a la reanudación nacerá a partir del término de la causa de suspensión siempre que se solicite en el plazo de los quince días siguientes, y la solicitud requerirá la inscripción como persona demandante de empleo si la misma no se hubiere efectuado previamente. Asimismo, en la fecha de la solicitud se considerará reactivado el acuerdo de actividad a que se refiere el artículo 3 de la Ley 3/2023, de 28 de febrero, de Empleo, salvo en aquellos casos en los que la entidad gestora exija la suscripción de un nuevo acuerdo. Si se presenta la solicitud transcurrido el plazo citado, se producirán los efectos previstos en los artículos 268.2 y 276.1. En el caso de que el período que corresponde a las vacaciones anuales retribuidas no haya sido disfrutado, será de aplicación lo establecido en el artículo 268.3».	Si se presenta la solicitud transcurrido el plazo citado, se producirán los efectos previstos en el artículo 268.2. En el caso de que el período que corresponde a las vacaciones anuales retribuidas no haya sido disfrutado, será de aplicación lo establecido en el artículo 268.3. c) A partir de la fecha en que queda acreditado que cumple los requisitos legales establecidos para el mantenimiento del derecho, en los supuestos del apartado 1.h) y k). d) A partir de la fecha de la inscripción como demandante de empleo, o reactivación del acuerdo de actividad, salvo que proceda el mantenimiento de la suspensión de la prestación o su extinción por alguna de las causas previstas en esta u otra norma, en los supuestos previstos en el apartado 1. i) y j). e) Previa solicitud del interesado acreditando una nueva situación legal de desempleo, en el supuesto previsto en la letra l) del apartado 1. El derecho a la reanudación nacerá a partir del día siguiente al de la situación legal de desempleo siempre que se solicite en el plazo de los quince días hábiles siguientes. En caso contrario, se producirán los efectos previstos en el artículo 268.2. El reconocimiento de la reanudación requerirá la inscripción como demandante de empleo y la reactivación del acuerdo de actividad a que se refiere el artículo 3 de la Ley 3/2023, de 28 de febrero, salvo en aquellos casos en los que la entidad gestora exija la suscripción de un nuevo acuerdo».

‖ Establecimiento de dos nuevas causas de extinción de la prestación contributiva

Se modifican las causas de extinción de los derechos por desempleo tanto contributivo como asistencial [art. 272.1.c), d) y h) de la LGSS] contemplando junto a las causas existentes no modificadas:

- Realización de un trabajo por cuenta ajena de duración igual o superior a doce meses (sin perjuicio del derecho de opción establecido en el art. 269.3 de la LGSS).

- Realización de un trabajo por cuenta propia, por tiempo igual o superior a sesenta meses en el supuesto de trabajadores por cuenta propia que causen alta en el Régimen Especial de la Seguridad Social de los Trabajadores por Cuenta Propia o Autónomos o en el Régimen Especial de la Seguridad Social de los Trabajadores del Mar, o a veinticuatro meses, en el caso de actividades con alta en alguna mutualidad de previsión social alternativa al Régimen Especial de la Seguridad Social de los Trabajadores por Cuenta Propia o Autónomos.

- Cumplimiento de la edad ordinaria para la pensión contributiva de jubilación [con las salvedades establecidas en el art. 266.d) de la LGSS].

- Transcurso del plazo de seis años desde la fecha de baja de la prestación sin haber reanudado el derecho.

ART. 272.1.c) y h) DE LA LGSS HASTA EL 22/05/2024	ART. 272.1.c) y h) DE LA LGSS DESDE EL 23/05/2024
«c) Realización de un trabajo por cuenta ajena de duración igual o superior a doce meses, sin perjuicio de lo establecido en el artículo 269.3 o realización de un trabajo por cuenta propia, por tiempo igual o superior a sesenta meses en el supuesto de trabajadores por cuenta propia que causen alta en el Régimen Especial de la Seguridad Social de los Trabajadores por Cuenta Propia o Autónomos o en el Régimen Especial de la Seguridad Social de los Trabajadores del Mar». «d) Cumplimiento, por parte del titular del derecho, de la edad ordinaria de jubilación, con las salvedades establecidas en el artículo 266.d)».	«c) Realización de un trabajo por cuenta ajena de duración igual o superior a doce meses, sin perjuicio del derecho de opción establecido en el artículo 269.3 o realización de un trabajo por cuenta propia, por tiempo igual o superior a sesenta meses en el supuesto de trabajadores por cuenta propia que causen alta en el Régimen Especial de la Seguridad Social de los Trabajadores por Cuenta Propia o Autónomos o en el Régimen Especial de la Seguridad Social de los Trabajadores del Mar, o a veinticuatro meses, en el caso de actividades con alta en alguna mutualidad de previsión social alternativa al Régimen Especial de la Seguridad Social de los Trabajadores por Cuenta Propia o Autónomos». «d) Cumplimiento, por parte del titular del derecho, de la edad ordinaria exigida en cada caso para causar derecho a la pensión contributiva de jubilación, con las salvedades establecidas en el artículo 266.d)». «h) Transcurso del plazo de seis años desde la fecha de baja de la prestación sin haber reanudado el derecho».

Aplicación de lo establecido de forma general para los supuestos de desempleo e IT durante los periodos de inactividad de personas trabajadoras fijas discontinuas

Lo establecido de forma general para los supuestos de desempleo e IT será de aplicación a los trabajadores fijos discontinuos durante los periodos de inactividad productiva (nuevo art. 283.3 de la LGSS).

Modificación de las normas aplicables a los trabajadores incluidos en el Sistema Especial para Trabajadores por Cuenta Ajena Agrarios

Se unifica la regulación en materia de desempleo para los trabajadores agrarios por cuenta ajena eliminando limitaciones:

ART. 286 DE LA LGSS HASTA EL 22/05/2024	ART. 286 DE LA LGSS DESDE EL 23/05/2024
«1. Los trabajadores incluidos en el Sistema Especial para Trabajadores por Cuenta Ajena Agrarios tendrán derecho a la protección por desempleo en los siguientes términos: a) La protección por desempleo de los trabajadores por cuenta ajena agrarios fijos y fijos discontinuos se aplicará conforme a lo establecido con carácter general en este título así como específicamente en el apartado 1.a). 1.ª del artículo siguiente. b) La protección por desempleo de los trabajadores por cuenta ajena agrarios eventuales se aplicará conforme a lo establecido específicamente en el artículo siguiente y con carácter general en esta sección. c) La protección por desempleo específica de los trabajadores por cuenta ajena agrarios eventuales residentes en las Comunidades Autónomas de Andalucía y Extremadura se regirá por lo dispuesto en el artículo 288. 2. La cotización a la Seguridad Social durante la percepción de las prestaciones se regirá por lo dispuesto en el artículo 289».	«1. Los trabajadores incluidos en el Sistema Especial para Trabajadores por Cuenta Ajena Agrarios están obligados a cotizar por la contingencia de desempleo y tienen derecho a la protección por desempleo conforme a lo establecido con carácter general en este título, con las especialidades establecidas en esta sección. No cotizarán por la contingencia de desempleo, ni tendrán derecho a las prestaciones por desempleo por los periodos de actividad correspondientes, el cónyuge, los descendientes, ascendientes y demás parientes, por consanguinidad o afinidad hasta el segundo grado inclusive y, en su caso, por adopción, del titular de la explotación agraria en la que trabajen siempre que convivan con este, salvo que se demuestre su condición de asalariados. 2. La cotización a la Seguridad Social durante la percepción de las prestaciones se regirá por lo dispuesto en el artículo 289».

ART. 287 DE LA LGSS HASTA EL 22/05/2024	ART. 287 DE LA LGSS DESDE EL 23/05/2024
«1. Será obligatoria la cotización por desempleo de los trabajadores por cuenta ajena agrarios eventuales con las peculiaridades siguientes: a) Para tener derecho a las prestaciones por desempleo deberán reunir los requisitos establecidos en el artículo 266, con las especialidades siguientes: 1.ª No cotizarán por la contingencia de desempleo, ni tendrán derecho a las prestaciones por desempleo por los períodos de actividad correspondientes, el cónyuge, los descendientes, ascendientes y demás parientes, por consanguinidad o afinidad hasta el segundo grado inclusive y, en su caso, por adopción, del titular de la explotación agraria en la que trabajen siempre que convivan con este, salvo que se demuestre su condición de asalariados.	«1. Para tener derecho a las prestaciones por desempleo reguladas en este título, los trabajadores por cuenta ajena eventuales agrarios deberán reunir los requisitos establecidos en el artículo 266. Sin embargo, si de forma inmediatamente anterior figuraron de alta en Seguridad Social como trabajadores autónomos o por cuenta propia, el período mínimo de cotización necesario para el acceso a la prestación por desempleo será de setecientos veinte días, aplicándose, a partir de ese período, la escala prevista en el artículo 269.1.

2.ª La duración de la prestación por desempleo estará en función de los períodos de ocupación cotizada en los seis años anteriores a la situación legal de desempleo o al momento en que cesó la obligación de cotizar con arreglo a la siguiente escala:

Período de cotización En días	Período de prestación En días
Desde 360 hasta 539	120
Desde 540 hasta 719	180
Desde 720 hasta 899	240
Desde 900 hasta 1.079	300
Desde 1.080 hasta 1.259	360
Desde 1.260 hasta 1.439	420
Desde 1.440 hasta 1.619	480
Desde 1.620 hasta 1.799	540
Desde 1.800 hasta 1.979	600
Desde 1.980 hasta 2.159	660
Desde 2.160	720

2. Lo previsto en el apartado anterior se aplicará con independencia de que el trabajo en el que se acredite situación legal de desempleo sea o no eventual agrario, si el mayor número de cotizaciones al desempleo acreditadas corresponden a dicho trabajo eventual agrario.

3. Las cotizaciones por jornadas reales que hayan sido computadas para el reconocimiento de las prestaciones por desempleo de carácter general o del subsidio establecido en el artículo 274.1.b) no podrán computarse para el reconocimiento del subsidio por desempleo en favor de los trabajadores agrarios eventuales establecido en el Real Decreto 5/1997, de 10 de enero, ni para el reconocimiento de la renta agraria regulada en el Real Decreto 426/2003, de 11 de abril; y las computadas para reconocer el citado subsidio o la renta agraria, no podrán computarse para obtener prestaciones por desempleo de carácter general.

4. Si el trabajador eventual agrario reúne los requisitos para obtener la protección por desempleo de nivel contributivo o asistencial regulada en este título, así como para acceder al subsidio por desempleo establecido en el Real Decreto 5/1997, de 10 de enero, o la renta agraria, regulada en el Real Decreto 426/2003, de 11 de abril, podrá optar por uno de los dos derechos, aplicándose la regla siguiente:

ART. 287 DE LA LGSS HASTA EL 22/05/2024	ART. 287 DE LA LGSS DESDE EL 23/05/2024
Si el trabajador eventual agrario de forma inmediatamente anterior figuró de alta en Seguridad Social como trabajador autónomo o por cuenta propia, el período mínimo de cotización necesario para el acceso a la prestación por desempleo será de setecientos veinte días, aplicándose la escala anterior a partir de ese período. b) No será de aplicación a estos trabajadores la protección por desempleo de nivel asistencial, establecida en el artículo 274. 2. En todos los aspectos no contemplados expresamente en el apartado 1 será de aplicación lo establecido con carácter general en este título. 3. El Gobierno podrá establecer limitaciones en el acceso a la protección por desempleo de determinados colectivos; exigir una declaración de actividad previa al pago de las prestaciones; modificar la escala que fija la duración de la prestación contributiva; y extender la protección asistencial a los trabajadores, en función de la tasa de desempleo y la situación financiera del sistema. 4. Los períodos de ocupación cotizada en actividades sujetas al Sistema Especial para Trabajadores por Cuenta Ajena Agrarios como trabajador agrícola fijo o a otros regímenes que tengan previsto cotizar por la contingencia de desempleo y los períodos de ocupación cotizada como eventual agrario se computarán recíprocamente para la obtención de prestaciones de nivel contributivo. En este caso, si se acredita que el mayor período no corresponde a un período de ocupación cotizada como eventual agrario, las prestaciones por desempleo y, en su caso, los subsidios por agotamiento se otorgarán conforme a lo establecido con carácter general en este título; en otro caso, se aplicarán las normas especiales de protección previstas en este artículo, todo ello, con independencia de que la situación legal de desempleo se produzca por el cese en un trabajo eventual agrario, o no. No cabrá el cómputo recíproco de cotizaciones previsto en el párrafo anterior para acceder al subsidio por desempleo establecido en el artículo 274.3; por ello, las jornadas reales cubiertas en el Sistema Especial para Trabajadores por Cuenta Ajena Agrarios como eventual agrario no se computarán para obtener dicho subsidio, pero servirán para obtener un futuro derecho a la prestación por desempleo de nivel contributivo, o, en su caso, al subsidio por desempleo establecido en el Real Decreto 5/1997, de 10 de enero, siempre que se cumplan los requisitos exigidos en cada caso.	Si solicita el subsidio por desempleo regulado en el Real Decreto 5/1997, de 10 de enero, o la renta agraria establecida en el Real Decreto 426/2003, de 11 de abril, todas las jornadas reales cubiertas en el Sistema Especial para Trabajadores por Cuenta Ajena Agrarios, cualquiera que sea su número, se tendrán en cuenta para acreditar los requisitos establecidos, respectivamente, en los artículos 2.1.c) y 2.1.d) de los citados reales decretos. Las cotizaciones por desempleo anteriores a la fecha del reconocimiento de dicho subsidio o renta agraria, que no se hayan computado para la obtención de tales derechos, podrán computarse para el reconocimiento de un derecho posterior, de nivel contributivo o asistencial».

ART. 287 DE LA LGSS HASTA EL 22/05/2024	ART. 287 DE LA LGSS DESDE EL 23/05/2024
5. Las cotizaciones por jornadas reales que hayan sido computadas para el reconocimiento de las prestaciones por desempleo de carácter general no podrán computarse para el reconocimiento del subsidio por desempleo en favor de los trabajadores agrarios eventuales establecido en el Real Decreto 5/1997, de 10 de enero, y las computadas para reconocer el citado subsidio no podrán computarse para obtener prestaciones por desempleo de carácter general. 6. Si el trabajador eventual agrario reúne los requisitos para obtener la prestación por desempleo de nivel contributivo regulada en el apartado 1.a) de este artículo y el subsidio por desempleo establecido en el Real Decreto 5/1997, de 10 de enero, podrá optar por uno de los dos derechos, aplicándose las reglas siguientes: a) Si solicita el subsidio por desempleo establecido en el Real Decreto 5/1997, todas las jornadas reales cubiertas en el Sistema Especial para Trabajadores por Cuenta Ajena Agrarios, cualquiera que sea su número, se tendrán en cuenta para acreditar el requisito establecido en el artículo 2.1.c) del citado real decreto. En el caso de existir cotizaciones por desempleo a otros regímenes de Seguridad Social no computadas para obtener dicho subsidio, las mismas servirán para obtener una prestación o subsidio por desempleo posterior, conforme a lo establecido en este título. b) Si se solicita la prestación por desempleo de nivel contributivo regulada en el apartado 1.a) de este artículo a efectos de determinar el período de ocupación cotizada, se computarán todas las jornadas reales cotizadas en el Sistema Especial para Trabajadores por Cuenta Ajena Agrarios, así como el resto de cotizaciones por desempleo efectuadas en otros regímenes de Seguridad Social, siempre que no hayan sido computados para obtener una prestación o subsidio anterior, y que se hayan efectuado dentro de los seis años anteriores a la situación legal de desempleo o al momento en que cesó la obligación legal de cotizar, siendo de aplicación, en su caso, lo establecido en el párrafo anterior, así como lo previsto en el apartado 4 de este artículo».	

‖ Reintegro de pagos indebidos y fraccionamientos de las prestaciones indebidamente percibidas

Con la modificación del art. 295 de la LGSS y Real Decreto 625/1985, de 2 de abril, se modifica el reintegro de las prestaciones indebidamente percibidas, y se establece la competencia de la entidad gestora sobre los fraccionamientos de las prestaciones indebidamente percibidas por parte de las personas beneficiarias, así como la posibilidad de acceder a su compensación parcial con las nuevas prestaciones que pudieran reconocerse a la persona deudora.

ART. 287 DE LA LGSS HASTA EL 22/05/2024	ART. 287 DE LA LGSS DESDE EL 23/05/2024
«1. Corresponde a la entidad gestora competente declarar y exigir la devolución de las prestaciones indebidamente percibidas por los trabajadores y el reintegro de las prestaciones de cuyo pago sea directamente responsable el empresario. Transcurrido el respectivo plazo fijado para el reintegro de las prestaciones indebidamente percibidas o de responsabilidad empresarial sin haberse efectuado el mismo, corresponderá a la Tesorería General de la Seguridad Social proceder a su recaudación en vía ejecutiva de conformidad con las normas reguladoras de la gestión recaudatoria de la Seguridad Social, devengándose el recargo y el interés de demora en los términos y condiciones establecidos en esta ley. 2. A tal efecto, la entidad gestora podrá concertar los servicios que considere convenientes con la Tesorería General de la Seguridad Social o con cualquiera de las administraciones públicas».	«1. Corresponde a la entidad gestora competente declarar y exigir la devolución de las prestaciones indebidamente percibidas por los trabajadores y el reintegro de las prestaciones de cuyo pago sea directamente responsable el empresario. Transcurrido el respectivo plazo fijado para el reintegro de las prestaciones indebidamente percibidas o de responsabilidad empresarial sin haberse efectuado el mismo, corresponderá a la Tesorería General de la Seguridad Social proceder a su recaudación en vía ejecutiva de conformidad con las normas reguladoras de la gestión recaudatoria de la Seguridad Social, devengándose el recargo y el interés de demora en los términos y condiciones establecidos en esta ley. 2. Para el ejercicio de esta competencia la entidad gestora podrá concertar los servicios que considere convenientes con la Tesorería General de la Seguridad Social o con cualquiera de las administraciones públicas. 3. La entidad gestora podrá conceder la compensación parcial, así como el fraccionamiento de pago para el reintegro de las prestaciones por desempleo indebidamente percibidas, en los términos y condiciones que se establezcan reglamentariamente, a solicitud del sujeto responsable del mismo, que deberá ser presentada con anterioridad al inicio de su recaudación en vía ejecutiva. Tanto la compensación parcial como el fraccionamiento del pago comprenderán el principal de la deuda, así como el recargo que fuera exigible en la fecha de su solicitud. Además, el fraccionamiento del pago devengará intereses, desde el momento de su concesión hasta la fecha de pago, conforme al interés de demora que se encuentre vigente en cada momento durante su duración».

‖ Nuevas obligaciones formales

El art. 299 de la LGSS establece la obligación de proporcionar la documentación e información que reglamentariamente se determinen a efectos del reconocimiento, suspensión, extinción o reanudación del derecho a las prestaciones y de presentar anualmente la declaración de IRPF [art. 299.1.j) de la LGSS].

ART. 299 DE LA LGSS HASTA EL 22/05/2024	ART. 299 DE LA LGSS DESDE EL 23/05/2024
«1. Son obligaciones de los trabajadores y de los solicitantes y beneficiarios de prestaciones por desempleo: a) Cotizar por la aportación correspondiente a la contingencia de desempleo. b) Proporcionar la documentación e información que reglamentariamente se determinen a efectos del reconocimiento, suspensión, extinción o reanudación del derecho a las prestaciones y comunicar a los servicios públicos de empleo autonómicos y al Servicio Público de Empleo Estatal, el domicilio y, en su caso, el cambio del domicilio, facilitado a efectos de notificaciones, en el momento en que este se produzca. Sin perjuicio de lo anterior, cuando no quedara garantizada la recepción de las comunicaciones en el domicilio facilitado por el solicitante o beneficiario de las prestaciones, este estará obligado a proporcionar a los servicios públicos de empleo autonómicos y al Servicio Público de Empleo Estatal los datos que precisen para que la comunicación se pueda realizar por medios electrónicos. c) Inscribirse como persona demandante de empleo, mantener la inscripción, suscribir y cumplir las exigencias del acuerdo de actividad en los términos establecidos en el artículo 3 de la Ley 3/2023, de 28 de febrero, de Empleo. d) Renovar la demanda de empleo en la forma y fechas en que se determine en el documento de renovación de la demanda y comparecer, cuando haya sido previamente requerido, ante la entidad gestora, los servicios públicos de empleo o las agencias de colocación cuando desarrollen actividades en el ámbito de colaboración con aquellos. e) Buscar activamente empleo y participar en acciones de mejora de la ocupabilidad que se determinen por los servicios públicos de empleo competentes, en su caso, dentro de un itinerario de inserción. Las personas beneficiarias de prestaciones acreditarán ante la Agencia Española de Empleo, el Instituto Social de la Marina y los servicios públicos de empleo autonómicos, cuando sean requeridos para ello, las actuaciones que han efectuado dirigidas a la búsqueda activa de empleo, su reinserción laboral o a la mejora de su ocupabilidad. Esta acreditación se efectuará en la forma en que estos organismos determinen en el marco de la mutua colaboración. La no acreditación tendrá la consideración de incumplimiento del acuerdo de actividad.	«1. Son obligaciones de los trabajadores y de los solicitantes y beneficiarios de prestaciones por desempleo: a) Cotizar por la aportación correspondiente a la contingencia de desempleo. b) Proporcionar la documentación e información que reglamentariamente se determinen a efectos del reconocimiento, suspensión, extinción o reanudación del derecho a las prestaciones y comunicar a los servicios públicos de empleo autonómicos y a la entidad gestora, el domicilio y, en su caso, el cambio del domicilio, facilitado a efectos de notificaciones, en el momento en que este se produzca. Sin perjuicio de lo anterior, cuando no quedara garantizada la recepción de las comunicaciones en el domicilio facilitado por el solicitante o beneficiario de las prestaciones, este estará obligado a proporcionar a los servicios públicos de empleo autonómicos y a la entidad gestora los datos que precisen para que la comunicación se pueda realizar por medios electrónicos. c) Inscribirse como persona demandante de empleo, mantener la inscripción, suscribir y cumplir las exigencias del acuerdo de actividad en los términos a que se refiere el artículo 3 de la Ley 3/2023, de 28 de febrero. d) Comparecer, cuando haya sido previamente requerido, ante la entidad gestora, los servicios públicos de empleo o las agencias de colocación cuando desarrollen actividades en el ámbito de colaboración con aquellos. e) Buscar activamente empleo y participar en acciones de mejora de la ocupabilidad que se determinen por los servicios públicos de empleo competentes, en su caso, dentro de un itinerario de inserción. Las personas beneficiarias de prestaciones acreditarán ante el Servicio Público de Empleo Estatal, el Instituto Social de la Marina y los servicios públicos de empleo autonómicos, cuando sean requeridos para ello, las actuaciones que han efectuado dirigidas a la búsqueda activa de empleo, su reinserción laboral o a la mejora de su ocupabilidad. Esta acreditación se efectuará en la forma en que estos organismos determinen en el marco de la mutua colaboración. La no acreditación tendrá la consideración de incumplimiento del acuerdo de actividad.

27

ART. 299 DE LA LGSS HASTA EL 22/05/2024	ART. 299 DE LA LGSS DESDE EL 23/05/2024
Sin perjuicio de acreditar la búsqueda activa de empleo, la participación en las acciones de mejora de la ocupabilidad que se correspondan con su profesión habitual o sus aptitudes formativas según lo determinado en el itinerario de inserción será voluntaria para los beneficiarios de prestaciones contributivas durante los treinta primeros días de percepción, y la no participación en las mismas no conllevará efectos sancionadores. f) Participar en los programas de empleo, o en acciones de promoción, formación o reconversión profesionales, que determinen los servicios públicos de empleo, o las agencias de colocación cuando desarrollen actividades en el ámbito de colaboración con aquellos y aceptar la colocación adecuada que le sea ofrecida por los servicios públicos de empleo o por dichas agencias. g) Devolver a los servicios públicos de empleo, o, en su caso, a las agencias de colocación cuando desarrollen actividades en el ámbito de colaboración con aquellos, en el plazo de cinco días, el correspondiente justificante de haber comparecido en el lugar y fecha indicados para cubrir las ofertas de empleo facilitadas por los mismos. h) Solicitar la baja en las prestaciones por desempleo cuando se produzcan situaciones de suspensión o extinción del derecho o se dejen de reunir los requisitos exigidos para su percepción, en el momento de la producción de dichas situaciones. i) Reintegrar las prestaciones indebidamente percibidas».	f) Participar en los programas de empleo, o en acciones de promoción, formación o reconversión profesionales, que determinen los servicios públicos de empleo, o las agencias de colocación cuando desarrollen actividades en el ámbito de colaboración con aquellos y aceptar la colocación adecuada que le sea ofrecida por los servicios públicos de empleo o por dichas agencias. g) Devolver a los servicios públicos de empleo, o, en su caso, a las agencias de colocación cuando desarrollen actividades en el ámbito de colaboración con aquellos, en el plazo de cinco días, el correspondiente justificante de haber comparecido en el lugar y fecha indicados para cubrir las ofertas de empleo facilitadas por los mismos. h) Solicitar la baja en las prestaciones por desempleo cuando se produzcan situaciones de incompatibilidad, suspensión o extinción del derecho o se dejen de reunir los requisitos exigidos para su percepción, en el momento de la producción de dichas situaciones. i) Reintegrar las prestaciones indebidamente percibidas. j) Presentar anualmente la declaración correspondiente al Impuesto sobre la Renta de las Personas Físicas. 2. A estos efectos tendrán la consideración de beneficiarios de prestaciones por desempleo los trabajadores desempleados durante el plazo de quince días hábiles de solicitud de las prórrogas del subsidio por desempleo establecida en el artículo 276.2, así como durante la suspensión cautelar o definitiva de la prestación o subsidio por desempleo como consecuencia de un procedimiento sancionador o de lo establecido en el artículo 271.1.h)».

Acceso extraordinario a la prestación por desempleo de personas trabajadoras transfronterizas en las ciudades autónomas de Ceuta y Melilla

Los trabajadores residentes en el Reino de Marruecos que hayan desempeñado su última relación laboral en las ciudades de Ceuta y Melilla, amparados por autorización de trabajo para trabajadores transfronterizos, podrán acceder a la protección por desempleo de nivel contributivo sin necesidad de acreditar residencia en España, siempre que reúnan todos los requisitos establecidos en la legislación aplicable y en las condiciones que se establezcan reglamentariamente (nueva D.A. 56.ª de la LGSS).

Necesidad de justificación de que las cantidades abonadas por pago único de la prestación por desempleo se empleen correctamente

Se acreditará que las cantidades percibidas han quedado debidamente afectadas al proyecto de inversión a realizar o a la incorporación como socios a cooperativas de trabajo asociado o sociedades laborales mediante la presentación de la documentación correspondiente que justifique las operaciones realizadas y cantidades abonadas, junto con la justificación del traspaso efectivo del capital que evidencie la realidad de cada una de las operaciones anteriores (nuevo art. 7.3 del Real Decreto 1044/1985, de 19 de junio).

Modificación del léxico de la regulación para los supuestos de prestación por desempleo y nacimiento y cuidado de menor

El art. 284 de la LGSS seguía refiriéndose a maternidad y paternidad, se modifica su léxico adaptándolo a la actual prestación por nacimiento y cuidado de menor:

ART. 284 DE LA LGSS HASTA EL 22/05/2024	ART. 284 DE LA LGSS DESDE EL 23/05/2024
Artículo 284. Prestación por desempleo, maternidad y paternidad. «1. Cuando el trabajador se encuentre en situación de maternidad o de paternidad y durante las mismas se extinga su contrato por alguna de las causas previstas en el artículo 267.1, seguirá percibiendo la prestación por maternidad o por paternidad hasta que se extingan dichas situaciones, pasando entonces a la situación legal de desempleo y a percibir, si reúne los requisitos necesarios, la correspondiente prestación. En este caso no se descontará del período de percepción de la prestación por desempleo de nivel contributivo el tiempo que hubiera permanecido en situación de maternidad o de paternidad. 2 1. Cuando el trabajador se encuentre en situación de nacimiento, adopción, guarda con fines de adopción o acogimiento y durante las mismas pase a estar incluido en alguno de los supuestos previstos en el artículo 267.1 seguirá percibiendo la correspondiente prestación hasta que se extingan dichas situaciones, pasando entonces a la situación legal de desempleo y a percibir, si reúne los requisitos necesarios, la prestación por desempleo. En este caso no se descontará del período de percepción de la prestación por desempleo de nivel contributivo el tiempo que hubiera permanecido en situación de nacimiento, adopción, guarda con fines de adopción o acogimiento.	Artículo 284. Prestación por desempleo y nacimiento y cuidado de menor. «1. Cuando el trabajador se encuentre en situación de nacimiento, adopción, guarda con fines de adopción o acogimiento y durante las mismas pase a estar incluido en alguno de los supuestos previstos en el artículo 267.1 seguirá percibiendo la correspondiente prestación hasta que se extingan dichas situaciones, pasando entonces a la situación legal de desempleo y a percibir, si reúne los requisitos necesarios, la prestación por desempleo. En este caso no se descontará del período de percepción de la prestación por desempleo de nivel contributivo el tiempo que hubiera permanecido en situación de nacimiento, adopción, guarda con fines de adopción o acogimiento.

ART. 284 DE LA LGSS HASTA EL 22/05/2024	ART. 284 DE LA LGSS DESDE EL 23/05/2024
3 2. Cuando el trabajador esté percibiendo la prestación por desempleo total y pase a la situación de maternidad o de paternidad, percibirá la prestación por estas últimas contingencias en la cuantía que corresponda. 3 2. Cuando el trabajador esté percibiendo la prestación por desempleo total y pase a la situación de nacimiento, adopción, guarda con fines de adopción o acogimiento percibirá la prestación por estas últimas contingencias en la cuantía que corresponda. 4 Si el trabajador pasa a la situación de maternidad o de paternidad, se le suspenderá la prestación por desempleo y la cotización a la Seguridad Social prevista en el artículo 265.1.a).2.º y pasará a percibir la prestación por maternidad o por paternidad, gestionada directamente por su entidad gestora. Una vez extinguida la prestación por maternidad o por paternidad, se reanudará la prestación por desempleo, en los términos recogidos en el artículo 271.4.b), por la duración que restaba por percibir y la cuantía que correspondía en el momento de la suspensión».	2. Cuando el trabajador esté percibiendo la prestación por desempleo total y pase a la situación de nacimiento, adopción, guarda con fines de adopción o acogimiento percibirá la prestación por estas últimas contingencias en la cuantía que corresponda. En este supuesto se le suspenderá la prestación por desempleo y la cotización a la Seguridad Social prevista en el artículo 265.1.a).2.º y pasará a percibir la prestación correspondiente a su situación, gestionada directamente por su entidad gestora. Una vez extinguida esta, se reanudará la prestación por desempleo, en los términos recogidos en el artículo 271.4.b) por la duración que restaba por percibir y la cuantía que correspondía en el momento de la suspensión».

Compatibilidad del desempleo con prácticas formativas, prácticas académicas externas incluidas en programas de formación o programas de formación para el empleo

La prestación y el subsidio por desempleo serán compatibles con la realización de prácticas formativas, prácticas académicas externas incluidas en programas de formación o programas de formación para el empleo (art. 282.5 de la LGSS).

Compatibilidad de las prestaciones por desempleo con el trabajo a tiempo parcial o completo a partir de 1 de abril de 2025

La prestación contributiva por desempleo se podrá compaginar —mediante el complemento de apoyo al empleo (CAE)— con un empleo por cuenta ajena cuyo salario bruto mensual no supere el 375 % del Indicador Público de Rentas (IPREM), para ello será necesario que se hayan devengado nueve meses de paro y que el derecho reconocido fuera igual o superior a un año. Esto será aplicable a las prestaciones reconocidas a partir del 1 de abril de 2025.

Se añade una D.A 59.ª a la LGSS.

1.
BENEFICIARIOS: ¿QUIÉN PUEDE SOLICITAR LA PRESTACIÓN POR DESEMPLEO CONTRIBUTIVA?

Podrán ser beneficiarios de la prestación por desempleo siempre que se cumplan los requisitos establecidos en el art. 266 de la LGSS —encontrarse en situación legal de desempleo, tener un período mínimo de cotización exigido y no caer en alguna de las situaciones de incompatibilidad establecidas— (art. 264 de la LGSS y Real Decreto 625/1985, de 2 de abril):

1. Los trabajadores por cuenta ajena incluidos en el Régimen General de la Seguridad Social que **coticen por esta contingencia**, donde se incluyen los **contratos formativos** [art. 11.4.a) del ET].

2. **Los trabajadores por cuenta ajena incluidos en los regímenes especiales de la Seguridad Social que protegen dicha contingencia,** con las peculiaridades que se establezcan reglamentariamente

3. **Funcionarios de empleo y personal contratado en colaboración temporal** en régimen de derecho administrativo en las Administraciones Públicas incluidos en el Régimen General de la Seguridad Social y funcionarios de empleo interinos de la Administración de Justicia.

4. **Socios trabajadores** de cooperativas de trabajo asociado y de cooperativas de explotación comunitaria de la tierra, así como los socios de trabajo de otras cooperativas, incluidos en un régimen de la Seguridad Social que proteja esta contingencia.

5. Los **penados** que hubiesen sido liberados de prisión por cumplimiento de condena o libertad condicional.

6. Trabajadores **emigrantes que retornen a España**.

7. **El personal de las Escalas de Complemento y Reserva Naval y Clases de Tropa y Marinería Profesionales de las Fuerzas Armadas** (RD 474/1987, de 3 de abril).

8. **Personal español contratado al servicio de la Administración española en el extranjero,** siempre que el desempleado traslade la residencia a España y se cumplan el resto de los requisitos exigidos legalmente.

9. Miembros de las corporaciones locales y miembros de las Juntas Generales de los Territorios Históricos Forales, Cabildos Insulares Canarios y Consejos Insulares Baleares y los cargos representativos de los Sindicatos constituidos al amparo de la Ley Orgánica 11/1985, de 2 de agosto, de Libertad Sindical, que ejerzan **funciones sindicales de dirección**, siempre que todos ellos desempeñen los indicados cargos con dedicación exclusiva o parcial y percibiendo una retribución.

10. **Altos cargos de las administraciones públicas** con dedicación exclusiva, percibiendo retribuciones y que no sean funcionarios públicos. No se aplicará lo dispuesto en este párrafo a los altos cargos de las Administraciones Públicas que tengan derecho a percibir retribuciones, indemnizaciones o cualquier otro tipo de prestación compensatoria como consecuencia de su cese.

11. Cuando se produce la extinción de su relación laboral consecuencia de una **modificación sustancial de las condiciones de trabajo** adoptada por la empresa al amparo del art. 41 del Estatuto de los Trabajadores, por causas de carácter económico y productivo. (STS, rec. 1875/2007, de 18 de septiembre de 2008).

12. Los trabajadores incluidos en el Sistema Especial para Empleados de Hogar [art. 11.2 del Real Decreto 1620/2011, de 14 de noviembre y el apartado 8.º del art. 267.1.a) de la LGSS].

13. Trabajadores **extranjeros** nacionales de países que no pertenecen a la Unión Europea ni al Espacio Económico Europeo que pueden ser beneficiarios de prestaciones por desempleo, siempre que sean titulares de la documentación establecida por la autoridad competente. Es decir:

    a) Autorización de residencia temporal y trabajo por cuenta ajena inicial y vigente.

    b) Autorización de residencia temporal y trabajo por cuenta ajena renovado y vigente.

    c) Autorización de residencia temporal y trabajo por cuenta ajena inicial o renovado caducado, junto con la solicitud de renovación.

    d) Autorizaciones de residencia temporal por circunstancias excepcionales en vigor, cuando lleve aparejada o haya permitido obtener una autorización para trabajar.

    e) La condición de extranjeros exceptuados de obtener la autorización de trabajo, y que tras el cese en la relación laboral tengan permiso de residencia en vigor.

    f) Autorización de residencia permanente.

    g) Autorizaciones de permanencia/estancia en España de los refugiados o apátridas junto con la solicitud de autorización de residencia temporal por circunstancias excepcionales vigente, o caducada junto con solicitud de renovación.

Una vez reconocida la prestación, la persona prestacionista deberá seguir reuniendo los «requisitos».

JURISPRUDENCIA

STS, rec. 932/2012, de 5 de marzo de 2013, ECLI:ES:TS:2013:1684

Derecho a prestación por desempleo de encargado (sujeto a relación laboral común) de la empresa con cargo de administrador único no remunerado.

La cuestión debatida en el presente recurso de casación unificadora es la de determinar si el demandante, que trabajaba como encargado en una empresa en la que además ostentó el cargo de Administrador único de la Sociedad durante un período de tiempo, tiene derecho a que ese período se le compute a los efectos del percibo de la prestación por desempleo.

El trabajador mantenía con la Sociedad una relación laboral común, con la categoría de encargado, y además era Administrador Único, sin percibir retribución por este cargo, lo que hace que la primera tenga vigencia sobre la segunda, y que en su consecuencia, el período de tiempo en que ostentó el cargo, compute a los efectos de prestación por desempleo.

Reitera doctrina de la STS, rec. 739/2008, 17 de febrero de 2009, ECLI:ES:TS:2013:1684.

STS, rec. 2894/1996, de 29 de enero de 1997, ECLI:ES:TS:1997:520

El Tribunal Supremo considera que los **armadores asimilados a trabajadores por cuenta ajena no derecho a la protección por desempleo** del Régimen Especial de Trabajadores del Mar. La legislación vigente al respecto sólo concede dicho derecho a los trabajadores por cuenta ajena comprendidos en el grupo primero y a los trabajadores remunerados a la parte que presten servicios en embarcaciones pesqueras de más de diez y hasta 20 toneladas de registro bruto.

STS n.º 76/2017, de 31 de enero de 2017, ECLI:ES:TS:2017:656

Ausencia de derecho a prestación de desempleo de extranjero en situación irregular que ha trabajado por cuenta ajena sin contar con autorización. Trabajador que presta servicios en una empresa sin poseer autorización de residencia ni para trabajar y que posteriormente y sin solución de continuidad, regulariza su situación en la misma empresa: no es computable a los efectos de la Prestación contributiva por Desempleo la etapa irregular, conforme a la normativa al efecto y a la interpretación de la misma efectuada por la doctrina de la Sala. Reitera doctrina.

RESOLUCIÓN RELEVANTE

STSJ de Cataluña n.º 9147/2009, de 15 de diciembre de 2009, ECLI:ES:TSJCAT:2009:14024

Analizando la denegación de la prestación de desempleo a **trabajadora extranjera por carecer de permiso de residencia en España y no poderse por ello inscribir como demandante de empleo**: «El art. 203.1 LGSS solo otorga el derecho al desempleo a quienes "pudiendo y queriendo trabajar" pierden el empleo; y los extranjeros no residentes, aunque quieran, no pueden trabajar legalmente puesto que no pueden obtener la pertinente autorización administrativa para ello, ya que ésta, de acuerdo con las previsiones de la LO Ex solo se concede bien a extranjeros ya residentes en España, bien a quienes llegan a ella provistos del permiso de residencia y trabajo que se otorga en los países de origen a quienes integran el contingente anual. De otra parte el art. 207.c) LGSS exige como requisito inexcusable, para tener derecho a desempleo: "acreditar disponibilidad para buscar activamente empleo y para aceptar colocación adecuada a través de la suscripción del compromiso de actividad al que se refiere el art. 231 LGSS". Y es claro que, el actor, dada su situación de irregularidad y mientras ésta persista, no puede suscribir dicho compromiso, que es obligación que le impone el art. 231.1.h) LGSS, y que comporta, según el número 2 del mismo artículo, numerosas obligaciones, y concretamente, entre ellas las requeridas por el art. 207 de búsqueda activa de empleo y de aceptación de colocación adecuada, que el extranjero irregular no puede atender puesto que no puede realizar ninguna actividad laboral"».

2.
NACIMIENTO, SOLICITUD Y CONSERVACIÓN: ¿CÓMO PEDIR LA PRESTACIÓN POR DESEMPLEO CONTRIBUTIVA?

El plazo para pedir la prestación contributiva es de 15 días hábiles desde la fecha del cese en el trabajo (sin contar sábados, domingos ni festivos). En caso de solicitud tras ese plazo se perderán tantos días de prestación como medien entre la fecha en que hubiera tenido lugar el nacimiento del derecho de haberse solicitado en tiempo y forma y aquella en que efectivamente se hubiese formulado la solicitud (art. 5 del Real Decreto 625/1985, de 2 de abril).

2.1. Solicitud, inscripción como persona demandante de empleo y acuerdo de actividad para la prestación contributiva por desempleo

El derecho a la prestación por desempleo nacerá el día siguiente al de la situación legal de desempleo, siempre que se solicite en el plazo de quince días, a contar desde la misma. Es decir, las personas que cumplan los requisitos establecidos (art. 266 de la LGSS) deberán solicitar a la entidad gestora competente el reconocimiento del derecho a las prestaciones que nacerá a partir de que se produzca la situación legal de desempleo, siempre que se solicite dentro del plazo de los **quince días** siguientes. La solicitud puede presentarse tanto de forma telemática —mediante la Sede Electrónica del SPEE previa identificación mediante certificado digital, DNIe o Cl@ve Pin— como presencial — en este caso las oficinas de empleo autonómicas suelen exigir cita previa—. También puede realizarse sin necesidad de identificación electrónica, rellenando el formulario de pre-solicitud o en los registros de cualquier órgano administrativo que pertenezca a la Administración General del Estado, a la de la Comunidad Autónoma, a la de alguna de las entidades que integran la Administración Local y en las oficinas de correos.

La solicitud requerirá la **inscripción como persona demandante de empleo**. Asimismo, en la fecha de solicitud se deberá suscribir el **acuerdo de actividad** (art. 3 de la Ley 3/2023, de 28 de febrero).

En el caso de que se le requiera la aportación posterior de documentación, según lo establecido en el art. 25.1 del R.D. 625/85, de 2 de abril, el prestacionista dispone de un plazo de 15 días para su presentación, transcurrido el cual se archivará la solicitud, previa resolución, sin perjuicio de que pueda instar una nueva si su derecho no hubiera prescrito.

La inscripción como demandante de empleo deberá mantenerse durante todo el período de duración de la prestación como requisito necesario para la conservación de su percepción, suspendiéndose el abono, en caso de incumplirse dicho requisito (art. 271 de la LGSS).

A TENER EN CUENTA. Para obtener información sobre el estado de tramitación del procedimiento podrá dirigirse a https://sede.sepe.gob.es o al teléfono 060.

JURISPRUDENCIA

STS, rec. 4078/2003, de 4 de octubre de 2004, ECLI:ES:TS:2004:6152

Reitera doctrina sobre la fecha inicial de la prestación contributiva de desempleo en un cese por causas objetivas cuando los afectados interponen demanda por despido. El criterio de la Sala IV es que el plazo de presentación de la solicitud se inicia con la notificación de la sentencia de despido.

CUESTIONES

1. En caso de vacaciones, ¿cuándo empieza a computar el plazo de 15 días para solicitar las prestación por desempleo?

Durante las vacaciones las personas trabajadora se encuentra en situación de alta laboral, por tanto, hasta que no termine el disfrute de las vacaciones pendientes no se considera al trabajador en situación legal de desempleo, y no comienza a computar el plazo de 15 días.

2. En caso de reclamación del despido judicialmente, ¿la persona trabajadora puede esperar a la finalización del proceso judicial para solicitar la prestación?

Lo habitual es solicitarla con fecha de efectos de la extinción de la relación laboral. No obstante, según la STS, rec. 4601/1999, de 22 de septiembre de 2000, ECLI:ES:TS:2000:6649, si el despido es impugnado, la persona trabajadora puede esperar a la resolución del procedimiento judicial para saber si existe reincorporación o no, y en caso contrario, solicitar la prestación por desempleo. Ello se desprende del art. 21.3 del Reglamento de desempleo (Real Decreto 625/1985, de 2 de abril), cuando afirma que el plazo de quince días «(...) se contará desde el día siguiente a la fecha de cese (...) o desde la notificación de la resolución judicial en caso contrario», sin que por ello pueda considerarse modificada la fecha causante de la prestación, que seguirá siendo la del despido, de modo que, desde la notificación del acto extintivo se tendrá derecho a percibir las correspondientes prestaciones.

2.2. Nacimiento y conservación del derecho a prestación contributiva por desempleo

A la hora del nacimiento o la conservación del derecho a la prestación contributiva por desempleo hemos de tener en cuenta los siguientes factores:

Obligaciones de los solicitantes y beneficiarios de prestaciones por desempleo

Como volveremos a tratar en algunos casos cuando analicemos los requisitos de acceso a la prestación por desempleo y al analizar el régimen de obligaciones respecto a la contingencia de desempleo por parte de las personas trabajadoras y empresas, entre otras obligaciones, para el nacimiento y conservación de la prestación, los solicitantes deben cumplir lo establecido en el art. 298 de la LGSS.

CUESTIONES

1. ¿Las personas empleadoras tienen obligaciones respecto a la prestación por desempleo?

Sí. Las obligaciones de los empresarios se encuentran definidas en el art. 298 del ET:

– Cotizar por la aportación empresarial a la contingencia de desempleo.

– Ingresar las aportaciones propias y las de sus trabajadores en su totalidad, siendo responsables del cumplimiento de la obligación de cotizar.

– Proporcionar la documentación e información que reglamentariamente se determinen a efectos del reconocimiento, suspensión, extinción o reanudación del derecho a las prestaciones.

– Entregar al trabajador el certificado de empresa, en el tiempo y forma que reglamentariamente se determinen.

– Abonar a la entidad gestora competente las prestaciones satisfechas por esta a los trabajadores cuando la empresa hubiese sido declarada responsable de la prestación por haber incumplido sus obligaciones en materia de afiliación, alta o cotización.

– Proceder, en su caso, al pago delegado de las prestaciones por desempleo.

– Comunicar la readmisión del trabajador despedido en el plazo de cinco días desde que se produzca e ingresar en la entidad gestora competente las prestaciones satisfechas por esta a los trabajadores en los supuestos regulados en el art. 268.5 de la LGSS.

– Comunicar, con carácter previo a que se produzcan, las variaciones realizadas en el calendario, o en el horario inicialmente previsto para cada uno de los trabajadores afectados, en los supuestos de aplicación de medidas de suspensión de contratos o de reducción de jornada previstas en el art. 47 del ET.

2. ¿Qué novedades formales ha establecido el Real Decreto-ley 2/2024, de 21 de mayo?

Se ha dado una nueva redacción al art. 299 de la LGSS. como nuevas obligaciones formales para las solicitudes a partir del 01/11/2024 encontramos [art. 299.1.j) de la LGSS y D.T: 1.ª del Real Decreto-ley 2/2024, de 21 de mayo]:

– La obligación de proporcionar la documentación e información que reglamentariamente se determinen a efectos del reconocimiento, suspensión, extinción o reanudación del derecho a las prestaciones.

– La obligación de presentar anualmente la declaración de IRPF.

Vacaciones anuales retribuidas

En el caso de que el período que corresponde a las **vacaciones anuales retribuidas** (el citado período deberá constar en el certificado de empresa a estos efectos) no haya sido disfrutado con anterioridad a la finalización de la relación laboral, o con anterioridad a la finalización de la actividad de temporada o campaña de los trabajadores fijos discontinuos, la situación legal de desempleo y el nacimiento del derecho a las prestaciones se producirá una vez transcurrido dicho período, siempre que se solicite dentro del plazo de los quince días siguientes a la finalización del mismo.

Despido o extinción de la relación laboral

En el supuesto de despido o extinción de la relación laboral, la decisión del empresario de extinguir dicha relación se entenderá, por sí misma y sin necesidad de impugnación, como causa de situación legal de desempleo. **El ejercicio de la acción contra el despido o extinción no impedirá que se produzca el nacimiento del derecho a la prestación** (art. 268.4 de la LGSS).

Desempleo y procedimientos contra el despido o la extinción del contrato de trabajo:

a) Cuando, como consecuencia de la reclamación o el recurso, el **despido sea considerado improcedente y se opte por la indemnización**, el trabajador continuará percibiendo las prestaciones por desempleo o, si no las estuviera percibiendo, comenzará a percibirlas con efectos desde la fecha del cese efectivo en el trabajo, siempre que se cumplan los requisitos para acceder a la prestación por desempleo a nivel contributivo, tomando como fecha inicial para tal cumplimiento la del acta de conciliación o providencia de opción por la indemnización, o, en su caso, la de la resolución judicial.

b) Cuando, como consecuencia de la reclamación o el recurso se produzca la **readmisión del trabajador**, mediante conciliación o sentencia firme, o aunque el empresario no diese cumplimiento a la orden de reposición en las condiciones anteriores, las cantidades percibidas por éste en concepto de prestaciones por desempleo se considerarán indebidas por causa no imputable al trabajador.

En tal caso, la Entidad Gestora cesará en el abono de las prestaciones por desempleo y reclamará a la Tesorería General de la Seguridad Social las cotizaciones efectuadas durante la percepción de las prestaciones. El empresario deberá ingresar a la Entidad Gestora las cantidades percibidas por el trabajador, deduciéndolas de los salarios dejados de percibir que hubieran correspondido, con el límite de la suma de tales salarios.

A efectos de lo dispuesto en los párrafos anteriores, se aplicará lo establecido en el art. 295.1 de la LGSS, respecto al **reintegro de prestaciones de cuyo pago sea directamente responsable el empresario**, así como de la reclamación al trabajador si la cuantía de la prestación hubiera superado la del salario.

En los supuestos a que se refiere esta letra, el empresario deberá instar el alta en la Seguridad Social con efectos desde la fecha del despido o extinción inicial, cotizando por ese período, que se considerará como de ocupación cotizada a todos los efectos.

c) En los supuestos de **declaración de extinción judicial o cuando se acreditase la imposibilidad de readmitir al trabajador por cese o cierre de la empresa obligada**, el trabajador comenzará a percibir las prestaciones si no las estuviera percibiendo, a partir del momento en que se declare extinguida la relación laboral.

En ambos casos, se estará a lo establecido en la letra a) de este apartado respecto a las prestaciones percibidas hasta la extinción de la relación laboral.

JURISPRUDENCIA

STS, rec. 46/2010 de 10 de diciembre de 2010, ECLI:ES:TS:2010:7519

La cuestión controvertida se centra en determinar si tiene derecho a la prestación por desempleo el trabajador que, cesando en la prestación de sus servicios por despido y reconocido éste como improcedente por la empresa, con la indemnización correspondiente, así como con el reconocimiento de un período de vacaciones retribuidas y no disfrutadas debido al cese, en el momento de solicitar la prestación aún no ha transcurrido el citado período vacacional.

La Sala declara que en el caso no puede sostenerse –como lo hace la sentencia recurrida– que el alta del demandante en 1 de abril de 2008 (con fecha de inicio de actividad el 16 de abril de 2008) en el RETA, se produjo con anterioridad a la situación legal de desempleo, siendo de destacar, por otra parte, que tratándose –como aquí acontece– de un caso de prestación por desempleo de pago único, la doctrina de esa Sala, tiene señalado que, en dichos supuestos, hay que «entender que no está prohibido que los actos de preparación e incluso la propia actividad se inicien antes de la solicitud del pago único».

STS, n.° 302/2017, de 5 de abril de 2017, ECLI:ES:TS:2017:1620

Desde la perspectiva finalista del estímulo al autoempleo, la denegación de la prestación por desempleo en la modalidad de pago único no está justificada cuando la beneficiaria había sido despedida, estaba realmente desempleada, tenía reconocida la prestación en pago periódico y trataba de continuar, como trabajadora autónoma, la misma actividad y en el mismo local de la empresa que la despidió. En sentido similar, SSTS 4ª 25-5-2000 (R. 2947/99), 30-5-2000 (R. 2721/99), 20-9-2004 (R. 3216/03), 7-11-2005 (R. 4697/04), 11-7-2006 (R. 2317/05), 15-10-2009 (R. 3279/08), 29-9-2011 (R. 4213/10) y 21-6-2016 (R. 3805/16).

STS, rec. 932/2012 de 5 de marzo de 2013, ECLI:ES:TS:2013:1684

Derecho a prestación por desempleo de encargado (sujeto a relación laboral común) de la empresa con cargo de administrador único. La cuestión debatida en el presente recurso de casación unificadora es la de determinar si el demandante, que trabajaba como encargado en una empresa en la que además ostentó el cargo de Administrador único de la Sociedad durante un período de tiempo, tiene derecho a que ese período se le compute a los efectos del percibo de la prestación por desempleo.

El trabajador mantenía con la Sociedad una relación laboral común, con la categoría de encargado, y además era Administrador Único, sin percibir retribución por este cargo, lo que hace que la primera tenga vigencia sobre la segunda, y que en su consecuencia, el período de tiempo en que ostentó el cargo, compute a los efectos de prestación por desempleo. Reitera doctrina STS, rec. 3046/1998, 17 de mayo de 1999, ECLI:ES:TS:1999:3409 y STS, rec. 739/2008, 17 de febrero de 2009, ECLI:ES:TS:2009:1197.

3.
SITUACIÓN LEGAL DE DESEMPLEO: ¿CÓMO SABER Y JUSTIFICAR QUE ESTOY EN SITUACIÓN LEGAL DE DESEMPLEO?

Se encontrarán en situación legal de desempleo los **trabajadores que estén incluidos en alguno de los siguientes supuestos**:

1. Cuando se produzca la **extinción de la relación laboral**:

   – En virtud de despido colectivo, adoptado por decisión del empresario (art. 51 del ET), o de resolución judicial adoptada en el seno de un procedimiento concursal.

   – Por muerte, jubilación o incapacidad del empresario individual, cuando determinen la extinción del contrato de trabajo.

   – Por despido y por la extinción del contrato por motivos inherentes a la persona trabajadora regulada en la D.A. 3.ª de la Ley 32/2006, de 18 de octubre, reguladora de la subcontratación en el Sector de la Construcción.

   – Por despido basado en causas objetivas.

   – Por resolución voluntaria por parte del trabajador, en los supuestos de: movilidad geográfica por ser víctimas de violencia de género, de víctimas del terrorismo o de víctimas de violencias sexuales, modificación sustancial de las condiciones de trabajo, causa justa ante incumplimiento empresarial, como consecuencia de ser víctima de violencia de género o traslado a otro centro de trabajo de la empresa que exija cambio de residencia [arts. 40, 41.3, 49.1.m) y 50 del ET].

   – Por expiración del tiempo convenido en el contrato formativo o en el contrato de trabajo de duración determinada, por circunstancias de la producción o por sustitución de persona trabajadora, siempre que dichas causas no hayan actuado por denuncia del trabajador.

- Por resolución de la relación laboral, durante el período de prueba, a instancia del empresario, siempre que la extinción de la relación laboral anterior se hubiera debido a alguno de los supuestos contemplados en este apartado, o haya transcurrido un plazo de tres meses desde dicha extinción. (STSJ de Castilla-La Mancha n.º 1230/2011, de 14 de noviembre de 2011, ECLI:ES:TSJCLM:2011:2924; STS, rec. 1810/2015, de 15 de febrero de 2017, ECLI:ES:TS:2017:700).

- Por extinción del contrato de trabajo en la relación laboral de carácter especial del servicio del hogar familiar de acuerdo con lo recogido en el art. 11.2 del Real Decreto 1620/2011, de 14 de noviembre.

2. Cuando se **suspenda temporalmente su relación laboral**:

- Por decisión del empresario al amparo de lo establecido en el art. 47 del ET, o en virtud de resolución judicial adoptada en el seno de un procedimiento concursal, en ambos casos en los términos del art. 262.2 de la LGSS.

- Por decisión de las trabajadoras víctimas de violencia de género o de violencia sexual al amparo de lo dispuesto en el art. 45.1.n) del ET.

3. Cuando se **reduzca temporalmente la jornada ordinaria diaria de trabajo**, por decisión del empresario al amparo de lo establecido en el art. 47 del ET o en virtud de resolución judicial adoptada en el seno de un procedimiento concursal, en ambos casos en los términos del artículo 262.3 de la LGSS.

4. Durante los períodos de inactividad productiva de los trabajadores fijos-discontinuos.

5. Cuando los trabajadores **retornen a España por extinguírseles la relación laboral en el país extranjero**, siempre que no obtengan prestación por desempleo en dicho país y acrediten cotización suficiente antes de salir de España.

6. Cuando se produzca el cese involuntario del **miembros de las corporaciones locales y los miembros de las Juntas Generales de los Territorios Históricos Forales, Cabildos Insulares Canarios y Consejos Insulares Baleares y los cargos representativos de los Sindicatos** constituidos al amparo de la Ley Orgánica 11/1985, de 2 de agosto, de Libertad Sindical, que ejerzan funciones sindicales de dirección y altos cargos de las administraciones públicas.

A TENER EN CUENTA. Las consecuencias de no instar el reconocimiento del derecho en el plazo de **15 días** desde la producción de la situación legal de desempleo se contemplan en el art. 209.2 de la LGSS, disponiendo que estos solicitantes «tendrán derecho al reconocimiento de la prestación a partir de la fecha de la solicitud, perdiendo tantos días de prestación como medien entre la fecha en que hubiera tenido lugar el nacimiento del derecho de haberse solicitado en tiempo y forma y aquélla en que efectivamente se hubiese formulado la solicitud». (STSJ de Canarias n.º 934/2017, de 3 de noviembre de 2017, ECLI:ES:TSJICAN:2017:3179).

JURISPRUDENCIA

No se considerará en situación legal de desempleo a los trabajadores que se encuentren en alguno de los siguientes supuestos:

STSJ de Castilla y León n.º 487/2019, de 17 de julio de 2019, ECLI:ES:TSJCL:2019:3220 y STSJ de Castilla La-Mancha n.º 1128/2019, de 18 de julio de 2019, ECLI:ES:TSJCLM:2019:1819

Cuando cesen voluntariamente en el trabajo, salvo en los casos de resolución voluntaria por parte del trabajador, en los supuestos previstos en los artículos 40, 41.3, 49.1.m) y 50 del texto refundido de la Ley del Estatuto de los Trabajadores.

STSJ de Andalucía n.º 1821/2019, de 4 de julio de 2019, ELCI:ES:TSJAND:2019:8184

Cuando, aun encontrándose en alguna de las situaciones previstas en el art. 267, no acrediten su disponibilidad para buscar activamente empleo y para aceptar colocación adecuada, a través del compromiso de actividad. La solicitud requerirá la inscripción como demandante de empleo. Asimismo, en la fecha de solicitud se deberá suscribir el compromiso de actividad.

Cuando, declarado improcedente o nulo el despido por sentencia firme y comunicada por el empleador la fecha de reincorporación al trabajo, no se ejerza tal derecho por parte del trabajador o no se hiciere uso, en su caso, de las acciones previstas en el art. 279 de la Ley 36/2011, de 10 de octubre, reguladora de la jurisdicción social.

STSJ de la C. Valenciana n.º 1564/2014, de 17 de junio de 2014, ECLI:ES:TSJCV:2014:5671

Cuando no hayan solicitado el reingreso al puesto de trabajo en los casos y plazos establecidos en la legislación vigente.

Por el contrario, **no se considerará en situación legal de desempleo** a los trabajadores que se encuentren en alguno de los siguientes supuestos:

- Cuando cesen voluntariamente en el trabajo, salvo los supuestos de resolución voluntaria por parte del trabajador previstos en los arts. 40, 41.3, 49.1.m) y 50 del ET.

- Cuando, aun encontrándose en situación legal de desempleo, no acrediten su disponibilidad para buscar activamente empleo y para aceptar colocación adecuada, a través del acuerdo de actividad.

- Cuando, declarado improcedente o nulo el despido por sentencia firme y comunicada por el empleador la fecha de reincorporación al trabajo, no se ejerza tal derecho por parte del trabajador o no se proceda a la readmisión del trabajador (art. 279 de la LRJS).

- Cuando no hayan solicitado el reingreso al puesto de trabajo en los casos y plazos establecidos en la legislación vigente.

3.1. Acreditación de la situación legal de desempleo para cobrar prestaciones y subsidios por desempleo

En los supuestos en los que la situación legal de desempleo se acredite por **comunicación, notificación escrita o certificación del empresario, de la administración empleadora o de la cooperativa,** la causa y fecha de efectos de la situación legal de desempleo deberá figurar en el certificado de empresa considerándose documento válido para su acreditación.

Acreditación de la situación legal de desempleo atendiendo a la causa de reducción, suspensión o extinción de la jornada

La extinción o suspensión de la relación laboral o la reducción de jornada (STS, rec. 2328/1996 de 24 de febrero de 1997, ECLI:ES:TS:1997:1290), para que sea considerada situación legal de desempleo, deben provenir de alguna de las causas establecidas por la normativa.

‖ Despido colectivo

Para que la persona acceda a la situación de desempleo desde el despido colectivo, es necesario:

- La comunicación escrita del empresario al trabajador en los términos establecidos en los arts. 51 o 47 del Estatuto de los Trabajadores. La causa y fecha de efectos de la situación legal de desempleo deberá figurar en el certificado de empresa considerándose documento válido para su acreditación. La fecha de efectos de la situación legal de desempleo indicada en el certificado de empresa habrá de ser en todo caso coincidente o posterior a la fecha en que se comunique por la autoridad laboral a la entidad gestora de las prestaciones por desempleo la decisión empresarial por la que se acuerda el despido colectivo o la suspensión de contratos o reducción de jornada;

- El acta de conciliación administrativa o judicial o la resolución judicial definitiva.

CUESTIÓN

¿Cómo se acreditan las situaciones legales de desempleo derivadas de despido colectivo, o suspensión del contrato y reducción de jornada por causas económicas, técnicas, organizativas o derivadas de fuerza mayor?

- COMUNICACIÓN ESCRITA DEL EMPRESARIO AL TRABAJADOR (arts. 47 y 51 del ET). La causa y fecha de efectos de la situación legal de desempleo debe figurar en el certificado de empresa considerándose documento válido para su acreditación. La fecha de efectos de la situación legal de desempleo indicada en el certificado de empresa ha de ser en todo caso coincidente con, o posterior a la fecha en que se comunique por el empresario a la autoridad laboral la decisión empresarial adoptada sobre el despido colectivo, o la suspensión de contratos, o la reducción de jornada. Se ha de respetar el plazo mínimo de treinta días entre la fecha de la comunicación de la apertura del periodo de consultas a la autoridad laboral y la fecha de efectos del despido establecido para el despido colectivo (art. 51.4 del ET).

– ACTA DE CONCILIACIÓN ADMINISTRATIVA O JUDICIAL O LA RESOLUCIÓN JUDICIAL DEFINITIVA. La acreditación de la situación legal de desempleo debe completarse con la comunicación de la autoridad laboral a la entidad gestora de las prestaciones por desempleo, de la decisión del empresario, en la que debe constar la fecha en la que el empresario ha comunicado su decisión a la autoridad laboral, la causa de la situación legal de desempleo, los trabajadores afectados, si el desempleo es total o parcial, y en el primer caso si es temporal o definitivo. Si fuese temporal se debe hacer constar el plazo por el que se va a producir la suspensión o reducción de jornada, y si fuera parcial se ha de indicar el número de horas de reducción y el porcentaje que esta reducción supone respecto a la jornada diaria ordinaria de trabajo.

|| Muerte, jubilación o incapacidad del empresario individual

Será necesario para estar en situación de desempleo en caso de muerte, jubilación o incapacidad del empresario individual:

- La comunicación escrita del empresario, sus herederos o representantes legales.

- El acta de conciliación o resolución judicial definitiva en el supuesto de que el trabajador ha reclamado contra la decisión extintiva de su relación laboral.

|| Despido individual

La situación legal de desempleo en caso de despido se acreditará mediante:

- Notificación por escrito (art. 55.1 del ET).

- Acta de conciliación administrativa o judicial o la resolución judicial declarando la procedencia o improcedencia del despido.

- En el supuesto de improcedencia, deberá también acreditarse que el empresario, o el trabajador cuando sea representante legal de los trabajadores, no ha optado por la readmisión.

RESOLUCIONES RELEVANTES

STSJ Cataluña n.º 11/2004, de 5 de enero de 2004, ECLI:ES:TSJCAT:2004:16

Conforme establece el artículo 208 de la LGSS se encontrarán en situación legal de desempleo los **trabajadores en el caso de que se extinga su relación laboral por despido procedente o improcedente**, siendo necesario en el caso de despido procedente sentencia del orden jurisdiccional social, en tanto que el segundo de ellos se refiere a la acreditación de la situación legal de desempleo.

STS, rec. 4005/1997, de 17 de junio de 1998, ECLI:ES:TS:1998:4005

El Tribunal Supremo ha establecido que se producirá la situación legal de desempleo en los supuestos de despido improcedente cuando quede acreditada por acta de conciliación o resolución judicial definitiva que declara la extinción de la relación laboral o la improcedencia del despido cuando no hay opción de readmisión, sin que modifique dicha consideración la aplicación del apdo. 1.b) art. 111 de la LRJS.

STSJ de Madrid, de 30 de diciembre de 1999, ECLI:ES:TSJM:1999:15385

Ha considerado en situación legal de desempleo un supuesto de abono de la indemnización por despido improcedente con anterioridad al acto de conciliación y en alta en la Seguridad Social hasta esta fecha.

STSJ de Madrid n.º 6/2000, de 13 de enero de 2000, ECLI:ES:TSJM:2000:145

Despido por causas objetivas: se considerarán en situación legal de desempleo los trabajadores que hayan visto extinguido su contrato de trabajo por aplicación de esta causa de despido, sin exigencia de reclamación por despido, con independencia de atenerse o no el empresario a los límites establecidos en el art. 51.1 del ET.

Declaración de incapacidad permanente total para la profesión habitual del trabajador

En caso de que se haya declarado la incapacidad permanente total del trabajador, para que pueda solicitar la prestación por desempleo, es necesario presentar la siguiente documentación:

- La comunicación del empresario, extinguiendo el contrato por este motivo.
- La resolución del Instituto Nacional de la Seguridad Social reconociendo la incapacidad en caso de desaparición de la empresa.

Resolución de la relación laboral por el empresario en el período de prueba

Si se hubiese rescindido el contrato por el empresario en el período de prueba, el trabajador podrá estar en situación de desempleo cuando se presente la siguiente documentación:

- Comunicación escrita del empresario resolviendo el contrato.
- Si desde la anterior extinción de la relación laboral no hubieran transcurrido 3 meses, ha de adjuntarse la acreditación de la anterior situación legal de desempleo. Se considerarán en situación legal de desempleo los trabajadores que vean extinguida su relación laboral por cese en el período de prueba a instancia del empresario, con independencia de que dicho período de prueba se hubiese pactado, o no, en el contrato de trabajo, o aunque el cese se produzca en fecha posterior al periodo de prueba pactado, siempre que la extinción de la relación laboral anterior fuese situación legal de desempleo o hubiese transcurrido un plazo de tres meses desde la extinción, y sin perjuicio de que el trabajador pueda impugnar el cese como despido.

RESOLUCIÓN RELEVANTE

STSJ de Andalucía n.º 110/2004, de 13 de enero de 2004, ECLI:ES:TSJAND:2004:220

Sobre la base del art. 208.1.1.g) en relación con el art. 207.c) de la LGSS, «(...) cuando el vínculo mantiene una apariencia de temporalidad y se produce la extinción por las causas previstas en el contrato (en este caso el cese durante el periodo de prueba) no cabe imponer al trabajador la exigencia inexcusable de que demande por despido para que nazca el derecho a la prestación por desempleo pues eso supondría atribuirle una carga que no viene establecida en la Ley, la que solo requiere que se acredite el hecho cierto de la extinción del contrato temporal por la voluntad del empresario con base en las causas válidamente establecidas en el contrato».

Terminación del contrato por expiración del tiempo convenido, siempre que dichas causas no hayan actuado por denuncia del trabajador

Cuando el trabajador quiera acceder a la situación legal de desempleo tras haber terminado el contrato por expiración del tiempo convenido —siempre que dichas causas no hayan actuado por denuncia del trabajador—, deberá presentar la copia del contrato o comunicación del cese si no fuese obligatorio el contrato escrito [art. 267.a).6.° de la LGSS].

Resolución voluntaria del trabajador, por traslado a otro centro de trabajo de la empresa que exija cambio de residencia

Para estar en situación de desempleo, el trabajador que hubiese renunciado voluntariamente, en caso de traslado a otro centro de trabajo de la empresa que hubiese exigido cambio de residencia, deberá presentar:

- La certificación empresarial justificativa del traslado y de la decisión del trabajador de extinguir voluntariamente su contrato (art. 40 del ET).
- El auto de ejecución de sentencia que declare extinguida la relación laboral ante la negativa del empresario a reincorporar al trabajador a su centro de trabajo de origen, cuando una sentencia judicial haya declarado el traslado injustificado. En los traslados colectivos la interposición de conflicto colectivo, en su caso, paralizará la tramitación de la actuación extintiva iniciada, hasta su resolución.

Resolución voluntaria del trabajador por modificación sustancial de las condiciones de trabajo

Si el trabajador hubiese resuelto voluntariamente su contrato debido a una modificación sustancial de las condiciones de trabajo, podrá estar en situación de desempleo siempre que presente:

- La certificación empresarial justificativa de la modificación y de la decisión del trabajador de extinguir voluntariamente el contrato (art. 41 del ET).
- El auto de ejecución de sentencia que declare extinguida la relación laboral ante la negativa del empresario a reincorporar al trabajador en su puesto de trabajo, cuando una sentencia judicial haya declarado la modificación injustificada. En las modificaciones colectivas la interposición de conflicto colectivo, en su caso, paralizará la tramitación de la actuación extintiva iniciada, hasta su resolución.

Resolución voluntaria del trabajador por causa justa

Si el trabajador hubiese resuelto el contrato de trabajo por justa causa, deberá acreditar la situación legal de desempleo presentando la resolución judicial definitiva (art. 50 del ET).

Extinción de la relación administrativa por causa distinta a la voluntad del empleado

En caso de trabajar para una Administración pública y se extinguiese la relación administrativa por causa distinta a la voluntad del trabajador, este deberá presentar la certificación de la Administración pública correspondiente para acreditar que está en situación legal de desempleo.

Expulsión improcedente de una cooperativa

Cuando se haya expulsado de una cooperativa a un trabajador de forma improcedente, este podrá acreditar que está en situación legal de desempleo presentando el acta de conciliación judicial o administrativa o resolución judicial definitiva en las que se declara expresamente la improcedencia del despido.

Resolución voluntaria de la trabajadora que se vea obligada a abandonar definitivamente su puesto de trabajo como consecuencia de ser víctima de violencia de género o de violencia sexual [arts. 49.1.m) y 45.1.n) del ET]

Cuando una trabajadora se vea obligada a abandonar definitivamente su puesto de trabajo como consecuencia de ser víctima de violencia de género o de violencia sexual, y resuelva voluntariamente el contrato de trabajo, para ser beneficiaria de la prestación por desempleo deberá presentar:

- La comunicación escrita del empresario sobre la extinción o suspensión temporal de la relación laboral.

- La orden de protección a favor de la víctima.

- Cualquiera de los documentos a los que se refieren el artículo 23 de la Ley Orgánica 1/2004, de 28 de diciembre, de Medidas de Protección Integral contra la Violencia de Género, o el artículo 37 de la Ley Orgánica de garantía integral de la libertad sexual.

JURISPRUDENCIA

STS, rec. 3123/2012, de 2 de octubre de 2013, ECLI:ES:TS:2013:5329

Ha de hacerse constar la causa y fecha de la extinción, junto con la orden de protección a favor de la trabajadora o, en su caso, con el informe del Ministerio Fiscal.

Suspensión de la relación laboral por ERTE ETOP, ERTE fuerza mayor temporal o ERTE fuerza mayor temporal por impedimentos o limitaciones en la actividad (art. 47 del ET)

En caso de ERTE, se deberá acreditar la situación legal de desempleo, presentando la siguiente documentación:

- Comunicación escrita del empresario al trabajador en los términos establecidos en los artículos 51 o 47 del texto refundido de la Ley del

Estatuto de los Trabajadores. La causa y fecha de efectos de la situación legal de desempleo deberá figurar en el certificado de empresa considerándose documento válido para su acreditación. La fecha de efectos de la situación legal de desempleo indicada en el certificado de empresa habrá de ser en todo caso coincidente con, o posterior a la fecha en que se comunique por el empresario a la autoridad laboral la decisión empresarial adoptada sobre el despido colectivo, o la suspensión de contratos, o la reducción de jornada. Se respetará el plazo establecido en el artículo 51.4 del texto refundido de la Ley del Estatuto de los Trabajadores para los despidos colectivos.

- Acta de conciliación administrativa o judicial o resolución judicial definitiva. En los dos casos anteriores la acreditación de la situación legal de desempleo deberá completarse con la comunicación de la autoridad laboral a la entidad gestora de las prestaciones por desempleo, de la decisión del empresario adoptada al amparo de lo establecido en los arts. 51 o 47 del ET, en la que deberá constar la fecha en la que el empresario ha comunicado su decisión a la autoridad laboral, la causa de la situación legal de desempleo, los trabajadores afectados, si el desempleo es total o parcial, y en el primer caso si es temporal o definitivo. Si fuese temporal se deberá hacer constar el plazo por el que se producirá la suspensión o reducción de jornada, y si fuera parcial se indicará el número de horas de reducción y el porcentaje que esta reducción supone respecto a la jornada diaria ordinaria de trabajo.

Retorno a España de los trabajadores a los que se les extinga la relación laboral en el extranjero

En el caso de querer acreditar la situación legal de desempleo por haberse extinguido la relación laboral en el extranjero, deberá presentarse la certificación del Área o Dependencia de Trabajo y Asuntos Sociales de la Delegación o Subdelegación del Gobierno correspondiente en su caso.

Además, ha de hacerse constar la fecha del retorno, el tiempo trabajado en el país extranjero, el período de ocupación cotizado, en su caso, así como que no tiene derecho a prestación por desempleo en dicho país.

Liberación de prisión por cumplimiento de condena o libertad condicional

Para acreditar la situación legal de desempleo en caso de liberación de prisión por cumplimiento de condena o libertad condicional, se deberá presentar la certificación del director del Establecimiento Penitenciario, en la que consten las fechas de ingreso en prisión y excarcelación y causa de esta.

Acreditación de situación legal de desempleo por la extinción de determinados tipos de contratos

Para estar en situación de desempleo, se requiere de una serie de formalidades. Así, en el caso de los trabajadores fijo-discontinuos, los socios de cooperativas de trabajo asociado o el personal que haya estado en un puesto político o sindical deberán entregar documentación específica para poder estar en situación legal de desempleo.

Los trabajadores con contrato por tiempo indefinido fijo-discontinuo, incluidos los que realicen trabajos fijos y periódicos que se repitan en fechas ciertas, en los períodos de inactividad productiva

Los trabajadores fijos-discontinuos podrán estar en situación de desempleo en períodos de inactividad productiva. Para ello, deberán presentar la siguiente documentación:

- Copia del contrato o de cualquier otro documento que acredite el carácter de la relación laboral y comunicación escrita del empresario señalando las causas justificativas de la inactividad.

- En el supuesto de suspensión de la actividad por causas económicas, tecnológicas, organizativas, de producción o por fuerza mayor, se requerirá la resolución de la autoridad laboral competente.

> **JURISPRUDENCIA**
>
> **STC n.º 53/2004, de 15 de abril, ECLI:ES:TC:2004:53**
>
> El Tribunal Constitucional ha considerado, acorde a la legislación vigente, la exclusión de los trabajadores fijos discontinuos del subsidio por desempleo para mayores de cincuenta y dos años. Al entender de la Sala, los trabajadores fijos discontinuos podrán encontrarse en dos situaciones legales de desempleo: 1. Pérdida del trabajo objeto del contrato. Rigen las reglas generales para el acceso a la prestación por desempleo. 2. Falta de ocupación efectiva entre los periodos de actividad. No sería técnicamente una situación de desempleo pues no se produce en ella la pérdida de un empleo preexistente. De esta forma, un trabajador fijo discontinuo, mientras mantenga dicha condición, no es (en rigor) un desempleado, aun cuando la interrupción de su actividad de temporada sea considerada por la ley como situación legal de desempleo. De manera que, mientras el fijo-discontinuo mantengan su empleo, no es un desempleado, sino una persona vinculada por un contrato laboral vigente que se encuentra en situación de seguir causando derecho a nuevos períodos de cobertura en el nivel contributivo hasta la definitiva e integral extinción de su relación laboral.

Socios trabajadores de cooperativas de trabajo asociado

Para acreditar la situación legal de desempleo por finalización del período al que se limitó el vínculo societario de duración determinada, será necesaria certificación del consejo rector de la baja en la cooperativa por dicha causa y su fecha de efectos.

Los socios trabajadores deberán solicitar de la entidad gestora el reconocimiento del derecho a las prestaciones dentro de los 15 días siguientes a la notificación del acuerdo de expulsión de la cooperativa o, en su caso, del acta de conciliación o de la resolución judicial, del acuerdo de no admisión de la Cooperativa al interesado, de la resolución de la Autoridad Laboral a la Cooperativa, o de la fecha en que finalizó el período al que se limitó el vínculo societario de duración determinada.

‖ Personal que haya estado en un puesto político o sindical

Los miembros de las corporaciones locales y los miembros de las juntas generales de los territorios históricos forales, cabildos insulares canarios y consejos insulares baleares y los cargos representativos de los sindicatos, que ejerzan funciones sindicales de dirección, siempre que todos ellos desempeñen los indicados cargos con dedicación exclusiva o parcial y percibiendo una retribución deberán presentar la certificación del órgano competente de la corporación local, Junta General del Territorio Histórico Foral, Cabildo Insular, Consejo Insular o Administración Pública o Sindicato, junto con una declaración del titular del cargo cesado de que no se encuentra en situación de excedencia forzosa, ni en ninguna otra que le permita el reingreso a un puesto de trabajo para acreditar que están en situación legal de desempleo.

RESOLUCIÓN RELEVANTE

STSJ de Castilla y León, de 21 de noviembre de 2000, ECLI:ES:TSJCL:2000:5962

Se confirma la situación legal de desempleo del actor porque no puede equipararse voluntariedad de la excedencia con voluntariedad en la pérdida de ocupación. Asimismo, a los efectos de determinar la duración de la prestación, deben computar las cotizaciones efectuadas en virtud del contrato que se mantiene en suspenso.

3.2. Certificado de empresa para la acreditación de la situación legal de desempleo

El certificado de empresa es el documento que acredita la situación legal de desempleo y la causa que implica el nacimiento de la misma (despido, finalización del contrato temporal, no superación de periodo de prueba, etc.). El SPEE utiliza este documento para determinar la existencia del derecho a la prestación y su importe.

Los empresarios y, en su caso, las Administraciones Públicas estarán obligados a facilitar a los trabajadores, **en el plazo de diez días**, a contar desde el siguiente a su situación legal de desempleo, el certificado de Empresa y, en su caso, las comunicaciones escritas y certificaciones que acrediten la situación legal de desempleo (art. 27 del Real Decreto 625/1985, de 2 de abril).

Mediante la aplicación informática denominada *Certific@2* es posible la presentación, recepción y tramitación de este documento por el que la empresa, a efectos de solicitud de prestación por desempleo, acredita los datos relativos a la empresa, así como los personales y de cotización de la persona trabajadora.

CUESTIÓN

¿Qué datos debe contener el certificado de empresa?

El SPEE dispone de un modelo oficial de certificado de empresa para el acceso a la prestación por desempleo.

El certificado de empresa tendrá que estar redactado de acuerdo con los requisitos establecidos por ley y usando las plantillas validadas para ello. Los datos que debe contener el certificado serán los identificativos de la empresa y del trabajador, la causa de la extinción de la relación laboral, la fecha de la extinción, el tipo de contrato, y las jornadas y cotizaciones del trabajador, así como las vacaciones anuales retribuidas y no disfrutadas.

Cómputo de plazos y efectos del envío de datos mediante el certificado de empresa

El envío del certificado de empresa al SPEE se hará a través de la aplicación Certific@2 el mismo día en que se produzca el cese, suspensión o reducción de la relación laboral o, en todo caso, al día siguiente en que la persona trabajadora lo solicite a la empresa (Orden TIN/790/2010, de 24 de marzo).

Su recepción, se regirá, a los efectos de cómputo de los plazos, por los siguientes criterios (Orden TIN/790/2010, de 24 de marzo):

a) Serán considerados días inhábiles sólo los así declarados para todo el territorio nacional en el calendario anual de días inhábiles aprobado por Resolución publicada por el Ministerio de Administraciones Públicas (art. 30.7 de la Ley 39/2015, de 1 de octubre).

b) La transmisión de datos recibidos en un día inhábil se entenderá efectuada en la primera hora del primer día hábil siguiente. A estos efectos, en el asiento de la entrada se inscribirán como fecha y hora de presentación aquellas en las que se produjo efectivamente la recepción, constando como fecha y hora de entrada efectivas las cero horas y un segundo del primer día hábil siguiente.

La comunicación de datos utilizando esta aplicación tendrá idénticos efectos que la efectuada por los demás medios admitidos en derecho.

A la solicitud de prestación por desempleo habrán de acompañar certificado de empresa y copia del documento acreditativo de la situación legal de desempleo en los términos previstos en los artículos 1.º, 11 y 12 del Real Decreto 625/1985, de 2 de abril, salvo en caso de fuerza mayor, en el que será suficiente cualquier medio de prueba admitido en Derecho. El Instituto Nacional de Empleo podrá exigir la aportación de copia de los documentos oficiales de cotización y salarios que estime necesarios (art. 21.5 del Real Decreto 625/1985, de 2 de abril).

La recepción por esta aplicación de datos distintos a los indicados anteriormente no producirá ningún efecto y se tendrán por no presentados, comunicándose al interesado tal circunstancia con indicación de los registros y lugares que para su presentación habilita el Régimen Jurídico de las Administraciones Públicas y del Procedimiento Administrativo Común (art. 6 de la Ley 39/2015, de 1 de octubre).

Falta de entrega del certificado de empresa

Se trata de una obligación empresarial [arts. 298.c) de la LGSS y 27 del Real Decreto 625/1985, de 2 de abril, considerada como una infracción grave del empresario en el art. 22 de la LISOS.

Si la empresa se niega a entregar el documento, o la empresa ha desaparecido y resulta imposible solicitarlo, el trabajador debe solicitar la prestación dentro del plazo reglamentario (15 días desde el nacimiento de la situación legal de desempleo) ya que en caso contrario perderá tantos días de prestación como medien entre la fecha en que hubiera tenido lugar el nacimiento del derecho de haberse solicitado en tiempo y forma y aquélla en que efectivamente se hubiese formulado la solicitud.

Junto a la solicitud de la prestación se adjuntará una declaración de carencia de documentación en la solicitud de prestaciones, para que sea el propio SPEE el que requiera al empresario directamente la documentación.

4.
REQUISITOS: ¿QUÉ DEBO CUMPLIR PARA EL ACCESO A LA PRESTACIÓN POR DESEMPLEO?

Junto al cumplimiento de las obligaciones de los solicitantes y beneficiarios de prestaciones por desempleo, para tener derecho a las prestaciones por desempleo se deberán reunir los siguientes **requisitos** (art. 266 de la LGSS):

a) **Estar afiliadas a la Seguridad Social y en situación de alta o asimilada al alta** en los casos que reglamentariamente se determinen.

b) **Tener cubierto el período mínimo de cotización,** dentro de los seis años anteriores a la situación legal de desempleo o al momento en que cesó la obligación de cotizar. Para el supuesto de que en el momento de la situación legal de desempleo se mantengan uno o varios contratos a tiempo parcial se tendrán en cuenta exclusivamente, a los solos efectos de cumplir el requisito de acceso a la prestación, los períodos de cotización en los trabajos en los que se haya perdido el empleo o se haya visto suspendido el contrato o reducida la jornada ordinaria de trabajo.

c) **Encontrarse en situación legal de desempleo,** acreditar disponibilidad para buscar activamente empleo y para aceptar colocación adecuada a través de la suscripción del acuerdo de actividad al que se refiere el artículo 3 de la Ley 3/2023, de 28 de febrero, de Empleo.

d) **No haber cumplido la edad ordinaria que se exija en cada caso para causar derecho a la pensión contributiva de jubilación,** salvo que el trabajador no tuviera acreditado el período de cotización requerido para ello, o se trate de supuestos de suspensión de relaciones laborales o reducción de jornada autorizados por resolución administrativa. (STS, rec. 4499/2010, de 27 de septiembre de 2011, ECLI:ES:TS:2011:6772).

e) **Estar inscrito como demandante de empleo** en el servicio público de empleo competente.

JURISPRUDENCIA

STS, rec. 5794/2022, de 30 de enero de 2024, ECLI:ES:TS:2024:541

El periodo de prestación por desempleo durante ERTE COVID-19 por fuerza mayor no puede computarse a efectos de ampliar la duración de la prestación. La previsión legal de que se tenga por cotizado a todos los efectos no conlleva esa consecuencia jurídica.

RESOLUCIÓN RELEVANTE

STSJ Castilla-La Mancha, rec. 1896/2022, de 18 de enero de 2024, ECLI:ES:TSJCLM:2024:22

El TSJ interpreta de modo flexible del art. 274.3 de la LGSS. El cómputo de las cotizaciones debe realizarse en relación a los seis años anteriores a la situación legal de desempleo o al momento en que cesó la obligación de cotizar, y no a toda la vida laboral del interesado.

Igualmente, se tendría acceso a la prestación contributiva de desempleo a través de alguno de los siguientes motivos:

1. Despido.

2. Terminación del contrato temporal.

3. Muerte, jubilación o incapacidad del empresario.

4. Cese en el periodo de prueba a instancias del empresario.

5. Expediente de regulación de empleo temporal o definitivo.

6. Suspensión o extinción del contrato por ser víctima de violencia de género.

7. Extinción de la relación administrativa de los funcionarios por decisión de la Administración.

8. Si es socio-trabajador de una cooperativa: cese en periodo de prueba, expulsión improcedente o cese (temporal o definitivo) en la actividad de la Cooperativa por causas económicas, tecnológicas o de fuerza mayor, finalización del vínculo societario de duración determinada.

9. Cese voluntario en el puesto de trabajo por no aceptar el traslado a un centro de trabajo en otra localidad que le suponga cambio de residencia, la modificación de su horario, jornada o turnos de trabajo o si hay una sentencia judicial que declare finalizada su relación laboral por incumplimiento grave de las obligaciones del empresario.

10. Estar en periodo de inactividad si es trabajador fijo-discontinuo o finalice la actividad por la realización de trabajos que se repiten en fechas ciertas. Los trabajadores fijos discontinuos tienen derecho a percibir prestación por desempleo durante los períodos de interrupción de la actividad.

11. Haber sido liberado de prisión por cumplimiento de condena o libertad condicional.

12. Haber retornado a España en el supuesto de trabajadores emigrantes.

13. Si pertenece a las Fuerzas Armadas por finalización o resolución de forma involuntaria del compromiso o por conclusión del servicio o del tiempo máximo como reservista voluntario activado.

14. Si es artista por finalizar la actuación con finalización de contrato.

15. Si es cargo público o sindical por cese con carácter involuntario y definitivo o pérdida de la dedicación exclusiva o parcial.

5.
CUANTÍA Y BASE REGULADORA: ¿CUÁNTO SE COBRA DE PRESTACIÓN CONTRIBUTIVA POR DESEMPLEO?

¿Cómo se calcula la cuantía de la prestación por desempleo?

La cuantía de la prestación por desempleo se determina en función del promedio de las bases de cotización por desempleo de los últimos 180 días (seis meses) trabajados, excluidas las retribuciones percibidas en concepto de horas extraordinarias.

La cuantía de la prestación se encuentra limitada por un factor temporal (durante los primeros 6 meses de prestación se percibirá el 70 % de la base reguladora y posteriormente al 60 %) y en función de unas cantidades máximas y mínimas según el porcentaje del IPREM incrementado en una sexta parte y la presencia de hijos a cargo (art. 270 de la LGSS).

BASE REGULADORA (BR)	Promedio de las bases de cotización por desempleo de los últimos 180 días trabajados precedentes a la situación legal de desempleo o al momento en que cesó la obligación de cotizar. No se computan las retribuciones percibidas en concepto de horas extraordinarias.	
CUANTÍA	180 primeros días	70 % BR
	Resto de la prestación	60 % BR

..		..		€/mes x 12
TOPES	MÍNIMO	Sin hijos a cargo	80 por 100 IPREM Incrementado en 1/6 parte	560
		Con hijos a cargo	107 por 100 IPREM Incrementado en 1/6 parte	749
	MÁXIMO	Sin hijos a cargo	175 por 100 IPREM Incrementado en 1/6 parte	1.225
		1 hijo a cargo	200 por 100 IPREM Incrementado en 1/6 parte	1.400
		2 hijos o más a cargo	225 por 100 IPREM Incrementado en 1/6 parte	1.575
	PÉRDIDA DE UN TRABAJO A TIEMPO PARCIAL	El tope máximo y mínimo de la prestación se calculará aplicando a los topes máximos y mínimos establecidos el mismo porcentaje que suponga la jornada realizada sobre la habitual de la empresa.		
Retención para IRPF y cotización durante la prestación por desempleo	IRPF	Según la normativa fiscal de aplicación y el importe de la cuantía de la prestación por desempleo en el año.		
	SEGURIDAD SOCIAL	La cuota del trabajador es el resultado de aplicar el 4,70 % a la base reguladora de la prestación por desempleo.		

Ampliando la información del cuadro:

- Para trabajos a tiempo parcial, las cuantías se ajustan proporcionalmente:

  - En caso de desempleo por pérdida de empleo a tiempo parcial o a tiempo completo, las cuantías máximas y mínimas de la prestación se determinarán teniendo en cuenta el indicador público de rentas de efectos múltiples calculado en función del promedio de las horas trabajadas durante el período de los últimos 180 días, ponderándose tal promedio en relación con los días en cada empleo a tiempo parcial o completo durante dicho período (art. 270.3 de la LGSS).

– Cuando el trabajador tenga dos contratos a tiempo parcial y pierda uno de ellos, la base reguladora de la prestación por desempleo será el promedio de las bases por las que se haya cotizado por dicha contingencia en ambos trabajos durante los ciento ochenta días del periodo a que se refiere el artículo 269.1, y las cuantías máxima y mínima a que se refiere el apartado anterior se determinarán teniendo en cuenta el indicador público de rentas de efectos múltiples en función de las horas trabajadas en ambos trabajos (art. 270.4 de la LGSS).

• **En casos de reducción de jornada por circunstancias especiales**, las bases de cotización se computarán como si no hubiera habido reducción para el cálculo de la prestación:

– En los supuestos de reducción de jornada por motivos familiares (previstos en los apdos. 5, 6 y 8 del art. 37 del ET), para el cálculo de la base reguladora, las bases de cotización se computarán incrementadas hasta el 100 por ciento de la cuantía que hubiera correspondido si se hubiera mantenido, sin reducción, el trabajo a tiempo completo o parcial.

– Si la situación legal de desempleo se produce estando el trabajador en las situaciones de reducción de jornada citadas, las cuantías máxima y mínima a que se refieren los apartados anteriores se determinarán teniendo en cuenta el indicador público de rentas de efectos múltiples en función de las horas trabajadas antes de la reducción de la jornada (art. 270.6 de la LGSS).

A TENER EN CUENTA. La cuantía del **indicador público de renta de efectos múltiples (IPREM)** vigente es la establecida en la LPGE 2023 (Ley 31/2022, de 23 de diciembre):

IPREM diario	IPREM mensual	IPREM anual
20 euros/día	600 euros/mes	7.200 euros/anual (12 pagas)
		8.400 euros/anual (14 pagas)

CUESTIONES

1. ¿Qué cotizaciones computa el SPEE para la prestación por desempleo?

Todas las realizadas por la persona trabajadora por cuenta ajena, incluidos en el Régimen General de la Seguridad Social, en el Sistema Especial Agrario o en el Régimen de Trabajadores del Mar, así como los contratos de formación en los últimos 180 días de ocupación.

2. Las cotizaciones dentro del contrato de formación en alternancia y el contrato formativo para la obtención de la práctica profesional adecuada al nivel de estudios, ¿computan para el derecho a prestación por desempleo?

Sí. La acción protectora de la Seguridad Social de las personas que suscriban un contrato formativo comprenderá todas las contingencias protegibles y prestaciones, incluido el desempleo [art. 11.4.a) de la LGSS].

3. Cuando el desempleo es total, pero se produce tras la pérdida de un trabajo a tiempo parcial, ¿cuál es el límite máximo de la prestación de desempleo?

El cálculo de la prestación en las condiciones citadas se regula en el último párrafo del art. 270.3 de la LGSS. En caso de desempleo por pérdida de un trabajo a tiempo parcial, la prestación se calculará en proporción a la reducción de la jornada de trabajo.

Recientemente la STS n.º 195/2024, de 29 de enero del 2024, ECLI:ES:TS:2024:640, establece: «(...) para calcular el importe de la prestación por desempleo total que debe percibir un trabajador tras la pérdida de su único empleo, a tiempo parcial, se aplica al importe máximo de las prestaciones por desempleo establecido por la ley un coeficiente reductor, relativo al trabajo a tiempo parcial, correspondiente al porcentaje que representa la jornada del trabajador a tiempo parcial en relación con la de un trabajador comparable que trabaja a tiempo completo».

JURISPRUDENCIA

STS n.º 43/2018, de 24 de enero de 2018, ECLI:ES:TS:2018:552

En relación a la base reguladora de la prestación por desempleo cuando se cotiza por meses: «(...) los artículos 211-1, párrafo primero, y 210-1 del Texto Refundido de la Ley General de la Seguridad Social vigente al tiempo del hecho causante. En el primero de los preceptos citados se dice: «la base reguladora de la prestación por desempleo será el promedio de la base por la que se haya cotizado por dicha contingencia durante los últimos 180 días del período a que se refiere el apartado 1 del artículo anterior». Esta disposición hay que ponerla en relación con el citado art. 210-1 donde se establece la duración de la prestación en función del número de días cotizados, lo que supone que la prestación y su cuantía se fijan en función del número de días cotizados y de las bases por las que se cotizó 'durante los últimos 180 días' del periodo de cotización. Ello sentado, supuesto que el legislador habla de plazos señalados por días, no cabe otra interpretación que la de que se refiere a días naturales, pues literalmente así lo expresa al decir que se computa 'el promedio' de la base por la que se haya cotizado 'los últimos 180 días', terminología que no permite excluir el cómputo de los días inhábiles porque lo que se computa es el 'promedio' de lo cotizado en los 'últimos 180 días' expresión con la que se determina el día inicial del cómputo de ese periodo de tiempo, sin que el brocardo 'in claris non fit interpretatio' permita otra solución, como el cómputo de las cotizaciones mensuales. Así lo ha entendido ya esta Sala en su sentencia de 27 de diciembre de 2016 (R. 3132/2015) en la que con ocasión de contratos de trabajo a tiempo parcial dijo que las bases de la prestación por desempleo se fijaban en función del promedio de lo cotizado en los últimos 180 días».

STS, rec. 5876/2003, de 2 de noviembre de 2.004, ECLI:ES:TS:2004:7013

En relación con el cálculo de las prestaciones de desempleo se establece que la regla general que determina que el cálculo de la prestación sobre el periodo coincidente —sólo en parte en el presente caso— con el tiempo de reducción de jornada no puede obviarse como una regla especial, según la cual el cálculo debería realizarse sobre las bases de cotización a tiempo completo, porque esa regla no existe en nuestro ordenamiento (art. 133 quater de la LSS en relación con el art. 13 de D 1646/1972 en el supuesto general y con el art. 5 del RD 144/1999 para los contratos a tiempo parcial), que parte del principio general de proporcionalidad entre la renta sustituida (el salario perdido) y la renta de sustitución (la prestación de desempleo o maternidad), regla que se aplica a todos los supuestos de pérdida de la renta de activo, sea esta pérdida referida a un empleo a tiempo completo o a jornada reducida y que responde a una lógica fundamental de la protección social que impide que la renta de sustitución sea superior a la renta sustituida, lo que ocurriría si el salario se calculara en función de una jornada reducida y la prestación social en función de la retribución correspondiente a una jornada completa.

RESOLUCIÓN RELEVANTE

STSJ de Cataluña n.º 3031/2003, de 14 de mayo de 2003, ECLI:ES:TSJCAT:2003:5888

La cuestión debatida en el presente litigio versa sobre las **cotizaciones que deben ser tenidas en cuenta al objeto del cálculo de la base reguladora de la prestación por desempleo**, cuando se ha gozado de una reducción de jornada por cuidado de un menor al amparo de lo dispuesto en el artículo 37.5 del ET:

«(...) lo que pretende la norma [Ley 39/1999 de 5 de noviembre] es la tutela del niño en los primeros años de su vida por los cuidados que necesita; del disminuido psíquico, físico o sensorial, sin límite de edad, por la especial atención que los mismos requieren; y finalmente del familiar, cuando por razones de edad, de accidente o de enfermedad, no pueda valerse por sí mismo, exigiendo para ello el cuidado directo del trabajador.

Penalizar al trabajador, desde el punto de vista de la Seguridad Social, mediante la reducción de la base reguladora a efectos de computar la prestación por desempleo, supone desnaturalizar todos los derechos antes mencionados».

Deducciones a la prestación por desempleo

El SPEE o ISM, según proceda, efectuará, a la cuantía de la prestación por desempleo, las retenciones establecidas legalmente para rendimientos del trabajo. La prestación contributiva por desempleo cotiza por todas las contingencias comunes, incluida la jubilación. La base de cotización en la situación de desempleo protegido se regula en la orden anual de cotización.

Al importe bruto de la prestación por desempleo se le aplicarán dos tipos de deducciones:

- La retención a cuenta del IRPF, cuando proceda.
- La cotización a la Seguridad Social.

|| Retención a cuenta del IRPF

Depende de la normativa fiscal vigente en cada momento para el cálculo de las retenciones. El «paro» tributa en el impuesto de la renta (IRPF) como rendimiento del trabajo —excepto si se ha solicitado el pago único o capitalización del desempleo—.

La retención del IRPF se calcula sobre el importe de la prestación que reciba a lo largo del año y el porcentaje aplicado está en función de las circunstancias personales y familiares comunicadas al solicitar la prestación (hijos, rentas, etc.).

Los prestacionistas pueden solicitar al SPEE un incremento en las retenciones mensuales.

A TENER EN CUENTA. Estarán exentas las prestaciones por desempleo reconocidas por la respectiva entidad gestora cuando se perciban en la modalidad de pago único establecida en el Real Decreto 1044/1985, de 19 de junio, por el que se regula el abono de la prestación por desempleo en su modalidad de pago único, siempre que las cantidades percibidas se destinen a las finalidades y en los casos previstos en la citada norma [art. 7.n) de la LIRPF].

|| Cotización durante la situación de desempleo

La cotización durante la prestación por desempleo se ajustará a los siguientes supuestos:

Durante la percepción de la prestación por desempleo por extinción de la relación laboral

En estos supuestos la base de cotización a la Seguridad Social de aquellos trabajadores por los que exista obligación legal de cotizar será la base reguladora de la prestación por desempleo (art. 270.1 de la LGSS), con respeto, en todo caso, del importe de la base mínima por contingencias comunes prevista para cada categoría profesional, teniendo dicha base la consideración de base de contingencias comunes a efectos de las prestaciones de la Seguridad Social.

El SPEE o ISM asume la aportación empresarial y descuenta de la cuantía de la prestación la aportación que corresponda al trabajador. En este caso **la entidad gestora ingresará las cotizaciones a la Seguridad Social por:**

- Jubilación.
- Invalidez permanente.
- Muerte y supervivencia.
- Incapacidad temporal.
- Protección a la familia y asistencia sanitaria.

Durante la percepción de la prestación por desempleo por suspensión temporal de la relación laboral o por reducción temporal de jornada (ERTE), o durante la percepción de la prestación del Mecanismo RED

Durante la aplicación de las medidas de suspensión o reducción, la empresa ingresará la aportación de la cotización que le corresponda, debiendo **la entidad gestora ingresar únicamente la aportación de la persona trabajadora, previo descuento de su importe de la cuantía de su prestación.** (D.A. 41.ª.5 y art. 153 bis de la LGSS).

> **A TENER EN CUENTA.** Durante la aplicación de los ERTE a los que se refieren los arts. 47 y 47 bis del ET, las empresas podrán acogerse voluntariamente, siempre y cuando concurran las condiciones y requisitos incluidos en la D.A. 44.ª de la LGSS, a las exenciones en la cotización a la Seguridad Social sobre la aportación empresarial por contingencias comunes y por conceptos de recaudación conjunta que se indican a continuación.

CUESTIONES

1. ¿Se cotiza a la Seguridad Social estando en desempleo?

Durante el período de percepción de la prestación por desempleo, la entidad gestora ingresará las cotizaciones a la Seguridad Social, asumiendo la aportación empresarial y descontando de la cuantía de la prestación la aportación que corresponda al trabajador. Durante la prestación contributiva por desempleo:

- Se cotiza por las contingencias comunes: protección a la familia, jubilación, invalidez permanente, muerte y supervivencia, incapacidad temporal, maternidad, asistencia sanitaria y farmacéutica.

- No se cotiza por: desempleo; accidente de trabajo y enfermedad profesional; al FOGASA; y, formación profesional (art. 270 de la LGSS)

2. ¿Por qué base de cotización se cotiza durante el desempleo? ¿influye el porcentaje de prestación de la base reguladora (70 % o 60 %) que recibimos?

Se cotiza siguiendo la base reguladora tomada para el cálculo de la prestación, es decir, la de los últimos 180 días de ocupación.

3. ¿Cómo se calcula la base de cotización en los supuestos de reducción de jornada o suspensión de contrato por ERTE al amparo de los arts. 47 o 47 bis del ET?

Las bases de cotización aplicables en caso de ERTE se definen en la orden anual de cotización.

Suspensión o extinción del derecho a prestación por desempleo

La reanudación de la prestación por desempleo en los supuestos de suspensión del derecho supondrá la reanudación de la obligación de cotizar por la base de cotización indicada en los apartados anteriores correspondiente al momento del nacimiento del derecho.

Cuando se hubiese extinguido el derecho a la prestación por desempleo y el trabajador opte por reabrir el derecho inicial (art. 269.3 de la Seguridad Social), la base de cotización a la Seguridad Social será la determinada según lo establecido en el art. 270.1 de la LGSS, correspondiente al momento del nacimiento del derecho por el que se opta o, en su caso, las correspondientes al momento del nacimiento del derecho por el que se opta.

Prestación por desempleo en caso de contratos para la formación y el aprendizaje y en los contratos formativos en alternancia

Durante la percepción de la prestación por desempleo que proviene del contrato formativos en alternancia, se aplicarán las normas establecidas durante la durante la percepción de la prestación del Mecanismo RED de Flexibilidad y Estabilización del Empleo, salvo en los supuestos de reanudación de la prestación por desempleo tras suspensión del derecho, en los que la cotización a la Seguridad Social se efectuará aplicando las cuotas únicas establecidas para esta modalidad de contratación. (Aspecto regulado anualmente en la Orden de cotización).

6.
DURACIÓN Y PAGO: ¿CUÁNTO DURA EL PARO CONTRIBUTIVO? ¿CÓMO SE PAGA LA PRESTACIÓN?

La duración de la prestación por desempleo estará en función de los períodos de ocupación cotizada en los seis años anteriores a la situación legal de desempleo o al momento en que cesó la obligación de cotizar, con arreglo a la escala establecida en el art. 269 de la LGSS.

6.1. Duración de la prestación por desempleo

La duración de la prestación por desempleo estará **entre 120 y 720 días** en función de los **períodos de ocupación cotizada en los seis años anteriores** a la situación legal de desempleo o al momento en que cesó la obligación de cotizar, con arreglo a la siguiente escala (art. 269 de la LGSS):

Periodo de cotización (en días)	Periodo de prestación (en días)
Desde 360 hasta 539	120
Desde 540 hasta 719	180
Desde 720 hasta 899	240
Desde 900 hasta 1.079	300
Desde 1.080 hasta 1.259	360
Desde 1.260 hasta 1.439	420
Desde 1.440 hasta 1.619	480
Desde 1.620 hasta 1.799	540
Desde 1.800 hasta 1.979	600

Periodo de cotización (en días)	Periodo de prestación (en días)
Desde 1.980 hasta 2.159	660
Desde 2.160	720

6.2. Peculiaridades para el cómputo del período de cotización

A efectos de determinación del período de ocupación cotizada se tendrán en cuenta todas las cotizaciones que no hayan sido computadas para el reconocimiento de un derecho anterior, tanto de nivel contributivo como asistencial (art. 269 de la LGSS).

A TENER EN CUENTA. A efectos de cómputo de cotizaciones no se considerará como derecho anterior el que se reconozca en virtud de la suspensión de la relación laboral prevista como consecuencia de ser víctima de violencia de género [arts. 45.1.n) del ET y 165.5 de la LGSS].

Vacaciones	El período que corresponde a las vacaciones (art. 268.3 de la LGSS) se computará como período de cotización a los efectos previstos tanto de duración de la prestación por desempleo a nivel contributivo como del subsidio. Durante dicho período se considerará al trabajador en situación asimilada a la de alta (art. 166.1 de la LGSS).
Realización de un trabajo de duración igual o superior a doce meses	Cuando el derecho a la prestación se extinga por realizar el titular uno o varios trabajos de duración acumulada igual o superior a doce meses, sin reanudar entre ellos la prestación por desempleo, podrá optar, en el caso de que se le reconozca una nueva prestación, entre reabrir el derecho inicial por el período que le restaba y las bases y tipos que le correspondían, o percibir la prestación generada por las nuevas cotizaciones efectuadas. Cuando el trabajador opte por la prestación anterior, las cotizaciones que generaron aquella prestación por la que no hubiera optado no podrán computarse para el reconocimiento de un derecho posterior, de nivel contributivo o asistencial (art. 269.3 de la LGSS).
Prestación por desempleo parcial	En el caso de desempleo parcial (art. 262.3 de la LGSS), la consunción de prestaciones generadas se producirá por horas y no por días. A tal fin, el porcentaje consumido será equivalente al de reducción de jornada decidida por el empresario, al amparo de lo establecido en el art. 47 del ET o de resolución judicial adoptada en el seno de un procedimiento concursal

JURISPRUDENCIA

STS n.º 378/2024, de 23 de febrero, ECLI:ES:TS:2024:1253

No hay derecho a generar prestación durante el tiempo que estuvo en situación de fuerza mayor COVID, no computa como cotizado para nueva prestación el periodo que se perciben prestaciones por suspensión.

6.3. Pago de la prestación por desempleo

Dos posibilidades:

A mes vencido	Abono en cuenta en la entidad financiera indicada por el trabajador y de la que deberá ser titular.
Pago único o capitalización	1. Abono del valor actual del importe de la prestación por desempleo de nivel contributivo. Personas beneficiarias de prestaciones que pretenden incorporarse, de forma estable, como socios trabajadores o de trabajo en cooperativas o en sociedades laborales o mercantiles, constituirlas, o que quieren desarrollar una nueva actividad como trabajadores autónomos.
	2. Subvención de cuotas del trabajador a la seguridad social. Cuando así lo establezca algún programa de fomento del empleo, la Entidad Gestora podrá abonar a través de pagos parciales el importe de la prestación por desempleo de nivel contributivo a que tenga derecho el trabajador para subvencionar la cotización del mismo a la Seguridad Social.

6.4. Pago único de la prestación por desempleo

La modalidad de pago único de la prestación por desempleo tiene por finalidad, según se recoge en la Exposición de Motivos del Real Decreto 1044/11985, de 19 de junio «propiciar la iniciativa de autoempleo de los trabajadores desempleados, facilitando la realización de un trabajo por cuenta propia o la incorporación como socios a cooperativas de trabajo asociado o a sociedades laborales, a aquellas personas que hubieran perdido su trabajo anterior». De esta forma, cuando así lo establezca algún programa de fomento del empleo, la entidad gestora podrá abonar de una sola vez el valor actual del importe, total o parcial, de la prestación por desempleo de nivel contributivo a que tenga derecho el trabajador y que esté pendiente por percibir (art. 296 de la LGSS). (STSJ de las Is. Baleares n.º 586/2012, de 25 de octubre, ECLI:ES:TSJBAL:2012:1335).

Asimismo, podrá abonar a través de pagos parciales el importe de la prestación por desempleo de nivel contributivo a que tenga derecho el trabajador para subvencionar la cotización del mismo a la Seguridad Social.

Siguiendo lo previsto en el Real Decreto 1044/1985, de 19 de junio, art. 34 de la LETA, art. 10 de la Ley 5/2011, de 29 de marzo y art. 296 de la LGSS, la capitalización de la prestación por desempleo permite:

- Pago único del valor actual del importe, total o parcial, de la prestación por desempleo de nivel contributivo a que tenga derecho el trabajador y que esté pendiente por percibir (abono del 100 % de la prestación).

- Subvención del importe de las cuotas a la Seguridad Social: podrá abonarse a través de pagos parciales el importe de la prestación por desempleo de nivel contributivo a que tenga derecho el trabajador para subvencionar la cotización del mismo a la Seguridad Social

- Pago único + subvención del importe de las cuotas a la Seguridad Social.

> **A TENER EN CUENTA.** Mediante la reforma de la Ley Concursal 2022 (con efectos de 26/09/2022), se ha regulado la capitalización de la prestación por desempleo para la transformación de una empresa en concurso en una sociedad laboral o cooperativa (nuevo art. 10 bis de la Ley 5/2011, de 29 de marzo).

Modalidades

Aquellas personas que están en desempleo y pretendan desarrollar una nueva actividad como trabajadores autónomos o incorporarse como socios trabajadores o de trabajo en cooperativas o en sociedades laborales pueden solicitar el pago único, o capitalización, de la prestación por desempleo siempre que cumplan los requisitos legalmente establecidos. Esta opción de cobro permite recibir en un sólo pago todo o parte del importe pendiente de la prestación contributiva por desempleo o la subvención de cuotas de la Seguridad Social.

‖ Abono del 100 % del importe de la prestación por desempleo

Acción	Abono	Importe	Excepción
a) Constituirse como trabajadores autónomos.	El abono de la prestación se realizará de una sola vez.	El importe que corresponda a la inversión necesaria para el desarrollo de la actividad por cuenta propia (incluido el importe de las cargas tributarias para el inicio de la actividad)	• Trabajadores autónomos económicamente dependientes que suscriban un contrato con una empresa con la que hubieran mantenido un vínculo contractual previo inmediatamente anterior a la situación legal de desempleo, o perteneciente al mismo grupo empresarial de aquella. • Quienes en los 24 meses anteriores a su solicitud hayan compatibilizado el trabajo por cuenta propia con la prestación por desempleo de nivel contributivo.

Acción	Abono	Importe	Excepción
b) Aportar el paro al capital social de una sociedad de nueva constitución, o ya constituida en un plazo máximo de 12 meses antes, siempre que: • Vayan a poseer el control efectivo de la sociedad. • Vayan a ejercer en ella una actividad profesional. • Se encuadren en el RETA o en el RE Trabajadores del Mar.	Se abonará como pago único la cuantía de la prestación, calculada en días completos, de la que deducirá el importe relativo al interés legal del dinero. • Si no se obtiene la prestación por su importe total, el importe restante se podrá obtener en la modalidad de subvención e cotización a la Seguridad Social.	Podrán destinar la prestación a los gastos de constitución y puesta en funcionamiento de una entidad (así como al pago de las tasas y tributos). Podrán, además, destinar hasta el 15 por ciento de la cuantía de la prestación capitalizada al pago de servicios específicos de asesoramiento, formación e información relacionados con la actividad a emprender.	• Aquellas personas que hayan mantenido un vínculo laboral previo inmediatamente anterior a la situación legal de desempleo con dichas sociedades u otras pertenecientes al mismo grupo empresarial. • Quienes en los 24 meses anteriores a su solicitud hayan compatibilizado el trabajo por cuenta propia con la prestación por desempleo de nivel contributivo.

CUESTIONES

1. ¿Es necesario acreditar las que las cantidades percibidas en concepto de pago único han quedado afectadas al proyecto de inversión a realizar o a la incorporación como socios a cooperativas?

Sí. Se acreditará que las cantidades percibidas han quedado debidamente afectadas al proyecto de inversión a realizar o a la incorporación como socios a cooperativas de trabajo asociado o sociedades laborales mediante la presentación de la documentación correspondiente que justifique las operaciones realizadas y cantidades abonadas, junto con la justificación del traspaso efectivo del capital que evidencie la realidad de cada una de las operaciones necesarias (art. 7.3 del Real Decreto 1044/1985, de 19 de junio).

2. ¿Qué sucede si el prestacionista no realiza la afección de las cantidades entregadas en concepto de pago único?

La no afectación de la cantidad percibida a la realización de la actividad para la que se haya concedido será considerada pago indebido y deberá reintegrarse. Cuando el trabajador devuelva las cantidades indebidamente percibidas se estará a lo dispuesto con carácter general para el pago de prestaciones por desempleo de acuerdo con la situación en que se encuentre el trabajador.

3. ¿A qué tipo de gastos podrán destinar los trabajadores autónomos el 100 % de la prestación por desempleo?

– Realizar la inversión necesaria para desarrollar la actividad por cuenta propia.

– Hacer frente al importe de las cargas tributarias para el inicio de la actividad.

– Destinarlo a afrontar los gastos de constitución y puesta en funcionamiento de una entidad, así como al pago de las tasas y tributos.

- Destinar hasta el 15 % de la cuantía de la prestación capitalizada al pago de servicios específicos de asesoramiento, formación e información relacionados con la actividad a emprender.

|| Subvencionar la cotización del trabajador a la Seguridad Social

Acción	Abono	Importe	Excepción
Subvencionar la cotización del trabajador a la Seguridad Social.	Se realizará mensualmente por la entidad gestora al trabajador (previa comprobación de que se mantiene en alta en la Seguridad Social en el mes correspondiente).	Importe de la aportación íntegra del trabajador a la Seguridad Social en el momento del inicio de la actividad.	Quienes en los 24 meses anteriores a su solicitud hayan compatibilizado el trabajo por cuenta propia con la prestación por desempleo de nivel contributivo.

JURISPRUDENCIA

STS n.º 543/2016, de 21 de junio, ECLI:ES:TS:2016:3966

Constituir una sociedad mercantil, de responsabilidad limitada no es incompatible con la cualidad de trabajador autónomo cuando la posición jurídica del beneficiario en esa sociedad determina su obligada afiliación al RETA.

STS n.º 302/2017, de 5 de abril, ECLI:ES:TS:2017:1620

Desde la perspectiva finalista del estímulo al autoempleo, la denegación de la prestación por desempleo en la modalidad de pago único no está justificada cuando la beneficiaria había sido despedida, estaba realmente desempleada, tenía reconocida la prestación en pago periódico y trataba de continuar, como trabajadora autónoma, la misma actividad y en el mismo local de la empresa que la despidió.

STS, rec. 3216/2003, de 20 de septiembre de 2004, ECLI:ES:TS:2004:5804

Analizando un caso en el que el trabajador demandante solicitó las prestaciones de desempleo en la modalidad de pago único estando en situación legal de desempleo iniciando la actividad unos días antes de solicitar el pago en esa modalidad específica. El TS considera que tal situación no impide cumplir con los requisitos para la capitalización.

STSJ de las Is. Baleares n.º 586/2012, de 25 de octubre, ECLI:ES:TSJBAL:2012:1335

Del análisis de su expediente se deducen indicios suficientes que permiten presumir que el pago único solicitado no cumple los requisitos exigidos, puesto que se solicitó el pago unido para refinanciar la misma actividad profesional por la que se había estado de alta anteriormente.

La baja temporal en el RETA aparece como un simple instrumento para acceder a unas prestaciones a las que no se tenía derecho sorteando la incompatibilidad entre el percibo de prestaciones por desempleo y el trabajo por cuenta propia y esta actuación constituye un claro fraude de Ley.

Como declaró el Tribunal Superior de Justicia de castilla La Mancha en sentencia de 26 de febrero de 2008, resolviendo un caso igual al presente "estamos ante un supuesto en el que, quien se encontraba en el ejercicio de una actividad determinada, que le obligaba a su incorporación al RETA, causa baja en la misma, manifestando el cese en la actividad, para de nuevo darse alta en esa misma actividad, 8 días naturales más tarde, y solicitando entonces el abono del desempleo en modalidad de pago único, siendo así que la finalidad perseguida por la norma es la de ayudar a que se puedan incorporar al mundo activo a quienes se encuentran apartados del mismo, es decir, que pretendan el inicio de una nueva actividad, facilitándole el acceso a la misma, al estar siempre necesitada de inversiones iniciales", lo que tanto allí como en el caso que ahora se somete a la consideración de la sala no ocurre, pues no hay inicio de nueva actividad.

Pago único y subvención del importe de las cuotas a la Seguridad Social

Esta posibilidad es factible cuando la cantidad necesaria como inversión para iniciar no alcance el total de la prestación. La cantidad restante puede solicitarse para financiar el coste de las cuotas de Seguridad Social durante el desarrollo de la actividad como trabajador autónomo. Para obtener el abono en un solo pago y la subvención de cuotas de Seguridad Social a la vez, el prestacionista debe realizar la solicitud de ambas en el mismo momento.

Según informa el propio SPEE, «(...) esta modalidad va dirigida a los beneficiarios de prestaciones cuando pretendan incorporarse, de forma estable, como socios trabajadores o de trabajo en cooperativas o en sociedades laborales ya creadas o constituirlas, cuando dichos beneficiarios pretendan constituirse como trabajadores autónomos o través de una sociedad mercantil sobre la que se vaya a poseer o se posea el control efectivo de la misma, con los límites establecidos legalmente».

Requisitos

Respetando el régimen jurídico de esta modalidad de cobro de la prestación por desempleo establecido en el art. 34 de la LETA (ya analizado), la característica esencial para el pago de la prestación de desempleo en su modalidad de pago único consiste en que tras la pérdida de un empleo se cree otro (STSJ Galicia n.º 2411/2016, de 24 de abril de 2016, ECLI:ES:TSJ-GAL:2016:2909). Según el SPEE, los **requisitos genéricos para la capitalización de la prestación por desempleo** son los siguientes:

- Ser beneficiario de una prestación contributiva por desempleo por cese total y definitivo de una relación laboral.

- Tener pendiente de percibir, al menos, tres mensualidades.

- No haber hecho uso de este derecho al pago único en los cuatro años inmediatamente anteriores.

- Que la actividad que pretende realizar se lleve a cabo como **trabajador autónomo**, dándose de alta como tal en la Seguridad Social, o como **socio trabajador estable** (no temporal) de una cooperativa o sociedad laboral en funcionamiento. (STSJ del País Vasco, de 28 de febrero de 2006, ECLI:ES:TSJPV:2006:520).

- Una vez percibida la prestación por su valor actual, el trabajador deberá iniciar, en el **plazo máximo de un mes**, la actividad laboral para cuya realización se le hubiese concedido y además darse de alta en el régimen de la Seguridad Social correspondiente (o acreditar que está en fase de iniciación).

- No haber compatibilizado el trabajo por cuenta propia con la prestación por desempleo de nivel contributivo en los 24 meses anteriores a su solicitud

- Si los estatutos de la cooperativa a la que se prevé ingresar reflejan la necesidad de superar un periodo de prueba, haber superado dicho periodo. En estos casos, la persona solicitante únicamente percibirá la prestación cuando presente ante el SPEE el acuerdo del consejo rector de haber superado dicho periodo de prueba.

Casos concretos:

- **Impugnación del cese de la relación laboral**: si el trabajador hubiera impugnado el cese de la relación laboral origen de la prestación por desempleo, la solicitud deberá ser posterior a la resolución del procedimiento correspondiente.

- **Extranjero que no cuenta con las autorizaciones:** el Tribunal Supremo, basándose en el art. 262 de la LGSS, ha estimado que no puede reconocerse derecho a prestación por desempleo al extranjero que no cuenta con las autorizaciones para residir y previa para trabajar; ya que este derecho sólo se reconoce a quienes pudiendo y queriendo trabajar pierden el empleo, y los extranjeros no residentes aunque quieran, no pueden trabajar legalmente puesto que no pueden obtener la pertinente autorización administrativa para ello. (STS, rec. 800/2007, de 18 de marzo de 2008, ECLI:ES:TS:2008:1864).

- **Reintegro de prestaciones indebidas:** según la STS, rec. 2629/2000, de 30 de abril de 2001, ECLI:ES:TS:2001:3490, en caso de no utilizar la cantidad total abonada por el SPEE para la realización de la actividad para la que se haya concedido no debe ser considerada íntegramente como un pago indebido, sino solamente en la parte no invertida en la finalidad autorizada, por lo que no comporta la obligación de reintegrar todo lo percibido por parte del desempleado que obtuvo el reconocimiento de la prestación contributiva en su modalidad de pago único. Las cantidades utilizadas, que habrán sido justificadas y de las que se ha necesitado disponer, no son reclamables por el Organismo regulador en caso de no utilizar la totalidad de la prestación concedida.

Solicitud

La solicitud del abono de la prestación por desempleo de nivel contributivo **deberá ser de fecha anterior a la de inicio de la actividad como trabajador autónomo o como socio de la entidad mercantil,** considerando que tal inicio coincide con la fecha que como tal figura en la solicitud de alta del trabajador en la Seguridad Social.

La **solicitud** se presentará en la Oficina de Empleo, en la sede electrónica del SPEE, por correo administrativo, o en cualquier oficina de registro público.

Los **trámites necesarios para la solicitud del pago único del desempleo** son los siguientes:

1. Presentación del modelo oficial.

2. En el caso de que pretenda constituir una cooperativa o sociedad laboral de nueva creación, o iniciar una actividad como trabajador autónomo, uno de los documentos que debe anexar es una **memoria explicativa** del proyecto de inversión a realizar y actividad a desarrollar.

3. En el caso de personas que deseen incorporarse como socios a cooperativas de trabajo asociado o sociedades laborales deberán acompañar **certificación de haber solicitado su ingreso en las mismas** y condiciones en que este se producirá.

4. Se podrá solicitar el pago único en el momento de tramitar la prestación por desempleo que se pretende capitalizar o en cualquier momento posterior, siempre que tenga pendiente de percibir, al menos, tres mensualidades. En todo caso, debe hacerlo antes de iniciar la actividad.

5. El importe total de la prestación a cobrar se calculará descontando de la prestación mensual que le corresponda el interés básico del Banco de España.

Justificación

Una vez que recibido el importe, debe iniciarse la actividad indicada en la memoria que forma parte del expediente y presentar la documentación correspondiente.

Se acreditará que las cantidades percibidas han quedado debidamente afectadas al proyecto de inversión a realizar o a la incorporación como socios a cooperativas de trabajo asociado o sociedades laborales mediante la presentación de la documentación correspondiente que justifique las operaciones realizadas y cantidades abonadas, junto con la justificación del traspaso efectivo del capital que evidencie la realidad de cada una de las operaciones anteriores (art. 7.3 del Real Decreto 1044/1985, de 19 de junio, con efectos de 23/05/2024).

Si no se cumple con los requisitos legales, el SPEE reclamará la cantidad líquida capitalizada ingresada.

Capitalización de la prestación por desempleo para la transformación de empresas en concurso

El art. 10 bis de la Ley 5/2011, de 29 de marzo, de Economía Social, regula la capitalización del paro para transformar empresas en concurso en una sociedad laboral o cooperativa.

La entidad gestora podrá abonar a las personas que reúnan todos los requisitos para ser beneficiarios de la prestación contributiva por desempleo, salvo el de estar en situación legal de desempleo, el importe de dicha prestación, cuando pretendan adquirir acciones o participaciones sociales de una sociedad en la que prestan servicios retribuidos como personas trabajadoras con contrato de trabajo por tiempo indefinido de forma que, con dicha adquisición, individualmente considerada, o con las adquisiciones que realicen otras personas, trabajadoras o no de la sociedad, esta reúna las condiciones legalmente necesarias para adquirir la condición de sociedad laboral o transformarse en cooperativa.

Atendiendo a lo establecido en el art. 10 bis a la Ley 5/2011, de 29 de marzo, los requisitos para el acceso a esta forma de pago único serán:

1. **Requisitos de la persona solicitante**:

- Reunir todos los requisitos para ser beneficiarios de la prestación contributiva por desempleo, salvo el de estar en situación legal de desempleo.

- Adquirir acciones o participaciones sociales de una sociedad en la que prestan servicios retribuidos como personas trabajadoras con contrato de trabajo por tiempo indefinido.

- Con la adquisición individual (o junto a otras realizadas por personas trabajadoras o no de la sociedad) deben reunirse las condiciones legalmente necesarias para que la empresa en concurso adquiera la condición de sociedad laboral o se transforme en cooperativa.

- La solicitud de la prestación y de la capitalización será simultánea y la fecha de la misma se asimilará, a efectos de reconocimiento y cálculo de la prestación, a la fecha de la situación legal de desempleo.

2. **Requisitos generales de la empresa**. El abono de la prestación capitalizada requerirá que la empresa se haya declarado en concurso y que el juez de lo mercantil haya acordado la transformación de la sociedad en una sociedad cooperativa o sociedad laboral en el marco de lo dispuesto en los artículos 219 o 224 bis y artículos concordantes del texto refundido de la Ley Concursal.

> **A TENER EN CUENTA.** Mediante futuro desarrollo reglamentario se precisará el procedimiento mediante el cual la entidad gestora acreditará ante el juez del concurso las capitalizaciones de las prestaciones por desempleo que posibilitarán la transformación de la sociedad en sociedad cooperativa o sociedad laboral.

3. **Cuantía**:

- **En caso de capitalizar el 100 % de la prestación**: se podrá capitalizar hasta el 100 % de la prestación contributiva por desempleo para destinarla a la adquisición de acciones o participaciones sociales de la sociedad en la que trabajen las personas solicitantes.

- **En el caso de no obtener la prestación por su importe total**: el importe no capitalizado se podrá dedicar a subvencionar las cuotas a la seguridad social. En este caso, el abono por parte de la entidad gestora se realizará en los siguientes términos:

- La cuantía de la subvención, calculada en días completos de prestación, será fija y corresponderá al importe de la aportación íntegra de la persona trabajadora a la Seguridad Social en el momento de la solicitud de la capitalización sin considerar futuras modificaciones, salvo cuando el importe de la subvención quede por debajo de la aportación del trabajador o trabajadora que corresponda a la base mínima de cotización vigente para cada régimen de Seguridad Social, abonándose, en tal caso, esta última.

- El abono se realizará mensualmente por la entidad gestora al trabajador, previa comprobación de que se mantiene en alta en la Seguridad Social en el mes correspondiente.

Abono acumulado y anticipado para extranjeros de la prestación contributiva de desempleo (APRE)

Podrán ser beneficiarios del abono de la prestación contributiva por desempleo, en la modalidad de pago acumulado y anticipado, **los trabajadores extranjeros** no comunitarios a que se refiere el artículo único del Real Decreto-ley 4/2008, de 19 de septiembre, sobre abono acumulado y de forma anticipada de la prestación contributiva por desempleo a trabajadores extranjeros no comunitarios que retornen voluntariamente a sus países de origen, que cumplan los siguientes requisitos previstos en el artículo 2 del Real Decreto 1800/2008, de 3 de noviembre:

- Estar inscritos como demandantes de empleo en el servicio público de empleo correspondiente.

- Hallarse en situación legal de desempleo como consecuencia de la extinción de la relación laboral por alguna de las causas previstas en el art. 267.1.a) de la LGSS.

- Tener reconocido el derecho a la prestación por desempleo de nivel contributivo, sin compatibilizarlo con un trabajo a tiempo parcial.

- Asumir el compromiso de retornar a su país de origen y el de no retornar a España en el plazo de tres años para residir y/o realizar una actividad lucrativa o profesional por cuenta propia o ajena.

- No estar incurso en los supuestos de prohibición de salida del territorio nacional previstos en la legislación de extranjería. A estos efectos el Servicio Público de Empleo Estatal deberá recabar la oportuna información de la Dirección General de la Policía y de la Guardia Civil que deberá proporcionarla de forma inmediata.

Cumplimiento de los compromisos asumidos por los trabajadores

Para poder ser beneficiario del abono de la prestación por desempleo, en la modalidad objeto de estudio, el trabajador extranjero **deberá comprometerse a retornar a su país de origen, en el plazo de treinta días naturales y no retornar a España en el plazo de tres años** (art. único, apartado 4, del Real Decreto-ley 4/2008, de 19 de septiembre). En este sentido, se entenderá:

- El plazo de 30 días naturales para retornar al país de origen se contará a partir de la fecha de realización del primer pago en España de la prestación una vez reconocido el derecho (40 %).

- El plazo de tres años de compromiso de no retorno a España empezará a contarse transcurridos 30 días naturales a partir de la fecha del primer pago citado anteriormente.

Transcurrido el período de tres años indicado, los trabajadores que hubieran tenido residencia temporal, acogidos a la modalidad de abono acumulado y anticipado de la prestación contributiva por desempleo, podrán solicitar de nuevo las autorizaciones administrativas para trabajar y residir en España, de acuerdo con lo previsto en la normativa vigente en materia de extranjería e inmigración. De igual modo, los interesados ostentarán un derecho preferente para incorporarse al contingente de trabajadores extranjeros no comunitarios que apruebe el Gobierno, siempre que acrediten los requisitos establecidos para ello en la normativa vigente en materia de extranjería e inmigración, en el correspondiente Acuerdo del Consejo de ministros y en las respectivas ofertas de empleo.

Los titulares de autorización de residencia temporal que sean beneficiarios del abono acumulado y anticipado de la prestación económica contributiva por desempleo, que regresen a España tras el cumplimiento de su compromiso de no retorno de acuerdo con lo previsto en el párrafo anterior, verán continuada su situación de residencia a los efectos del cálculo del plazo legal para obtener, en su caso, la residencia permanente, si bien no se computará en ese cálculo el período de ausencia.

Asimismo, los residentes permanentes beneficiarios de dicho abono acumulado y anticipado de la prestación contributiva por desempleo que regresen a España tras la finalización de su compromiso de no retorno recuperarán su condición de residentes permanentes mediante un procedimiento simplificado que se establecerá reglamentariamente.

Condiciones y consecuencias del abono, acumulado y anticipado del APRE

La determinación del abono acumulado y anticipado de la prestación contributiva por desempleo se regirá por lo establecido en el artículo único del Real Decreto-ley 4/2008, de 19 de septiembre, en el apdo. 1 del art. 3 del Real Decreto 1800/2008, de 3 de noviembre y en lo no previsto expresamente, se estará a lo dispuesto en el texto refundido de la Ley General de la Seguridad Social.

El abono acumulado y de forma anticipada del importe de la prestación contributiva por desempleo se realizará en dos plazos, con las siguientes cuantías (art. 4 del RD 1800/2008, de 3 de noviembre):

- Un 40 % se abonará en España, una vez reconocido el derecho.

- El 60 % restante se abonará en el país de origen, una vez que haya transcurrido el plazo de 30 días naturales contados a partir de la realización del primer pago y en el plazo máximo de noventa días desde dicho primer pago. Para recibir este abono, el trabajador deberá comparecer personalmente en la representación diplomática o consular española en el país de origen para acreditar su retorno al mismo. En dicho momento deberá proceder a la entrega de la tarjeta de identidad de extranjero de la que es titular.

El Servicio Público de Empleo Estatal procederá a realizar este pago a partir de que le sea comunicada dicha comparecencia en la representación diplomática o consular por la Dirección General de Españoles en el Exterior y de Asuntos Consulares del Ministerio de Asuntos Exteriores, Unión Europea y Cooperación.

Una vez producido el abono, en los términos previstos anteriormente, la prestación contributiva por desempleo en la modalidad de pago acumulado y anticipado:

- **Se considerará extinguida por agotamiento del plazo** de duración de la prestación.

- **No se podrán obtener los subsidios por agotamiento de dicha prestación**, incluido el subsidio establecido para los trabajadores mayores de 52 años (art. 274.3 de la LGSS).

- **No se podrá acceder a las prestaciones y subsidios por desempleo en un período** de, al menos, tres años contado a partir de la fecha del compromiso de no retorno a España.

RESOLUCIÓN RELEVANTE

Sentencia del Tribunal Superior de Justicia de Cantabria n.º 56/2020, de 24 de enero, ECLI:ES:TSJCANT:2020:44

«En este sentido, no es admisible el argumento de que el precepto no comprende las prestaciones reguladas en el RD 1800/2008, de 3 de noviembre, que desarrolla el Real Decreto-Ley 4/2008, de 19 de septiembre, sobre abono acumulado y de forma anticipada de la prestación contributiva por desempleo de los trabajadores extranjeros no comunitarios que retornen voluntariamente a sus países de origen.

La prestación de por desempleo establecida por el citado Real Decreto Ley forma parte de las prestaciones de desempleo de pago único, aunque presenta una importante particularidad respecto del régimen jurídico de esta modalidad de pago único de las prestaciones de desempleo, que es la posibilidad de disfrutar de la prestación fuera de España.

Se trata de una peculiaridad que, como se indica en la propia exposición de motivos de la norma, obedece al hecho de que "las previsiones normativas, si bien permiten el abono de la prestación por desempleo en su modalidad de pago anticipado y acumulado cuando la actividad profesional a desarrollar por el trabajador desempleado se realice en territorio español, sin embargo no permiten un tratamiento similar cuando las expectativas de reinserción laboral o profesional del trabajador desempleado se plantean en el país de origen". En efecto, antes de la aprobación de la norma, solo era posible ser beneficiario del pago único de la prestación de desempleo cuando el trabajador se comprometía a trabajar en una sociedad laboral, cooperativa o en una explotación empresarial autónoma, pero radicadas en España».

|| Gestión y pago del APRE

Corresponde al Servicio Público de Empleo Estatal la recepción de solicitudes, tramitación, reconocimiento y pago de la prestación reconocida, así como la declaración de la extinción del derecho a dicha prestación por agotamiento del plazo de duración de la prestación.

En la solicitud de abono acumulado y anticipado de la prestación contributiva por desempleo, que se formalizará en el modelo oficial que se establezca, el trabajador deberá adquirir los compromisos establecidos en el Real Decreto-ley 4/2008, de 19 de septiembre, así como acreditar su identidad y nacionalidad e indicar los datos necesarios para hacer efectivo el pago de la prestación, tanto en España como en el país de origen. En el referido modelo de solicitud se deberá incluir la información necesaria para que el trabajador sea consciente de los compromisos que asume y de las consecuencias que vayan a derivarse por acogerse a la indicada modalidad de abono de la prestación contributiva por desempleo. Durante la tramitación de la solicitud, se suspenderá la exigencia del cumplimiento de las obligaciones como beneficiario de la prestación por desempleo.

El solicitante podrá desistir por escrito de su solicitud, antes de que se le notifique la resolución. En tal caso se archivará la misma sin más trámite, y se mantendrá el derecho al percibo ordinario de la prestación por desempleo.

Para determinar la cuantía del abono de la prestación contributiva por desempleo, en forma acumulada y anticipada, se aplicarán las siguientes reglas:

- Si dicho abono se solicita junto con el reconocimiento inicial o reanudación de la prestación contributiva por desempleo y esta se reconoce en dicha modalidad de pago, el importe a abonar por dicha prestación será equivalente al importe total que corresponderá abonar considerando la cuantía y la duración de la prestación reconocida, desde la fecha del nacimiento del derecho o su reanudación hasta su agotamiento.

- Si el abono se solicita siendo perceptor de la prestación por desempleo, cuando queda pendiente de percibir parte de la misma, el importe a abonar será equivalente al que corresponda a la prestación pendiente de percibir.

No se admitirá la renuncia al abono anticipado y de forma acumulada de la prestación una vez hecho efectivo el primer pago del 40 % una vez reconocido el derecho.

El Servicio Público de Empleo Estatal dará traslado de las resoluciones favorables de las solicitudes de abono anticipado y acumulado de la prestación contributiva por desempleo y la fecha del primer pago a la Secretaría de Estado de Migraciones, a la Secretaría de Estado de Seguridad y a la Secretaría de Estado de Cooperación Internacional, a fin de que se proceda a verificar el control del cumplimiento de los compromisos adquiridos a que se refiere el apartado cuatro del artículo único del Real Decreto-ley 4/2008, de 19 de septiembre, y el Real Decreto 1800/2008, de 3 de noviembre.

El pago anticipado y acumulado de la prestación contributiva por desempleo se efectuará a través de los circuitos financieros que tenga habilitados la Tesorería General de la Seguridad Social para el pago de las prestaciones en España y en el extranjero.

El pago del 60 % restante se abonará en el país de origen mediante cheque nominativo o a través de transferencia bancaria, en euros o, en su caso, en la moneda en la que la Tesorería General de la Seguridad Social efectúe el pago de las prestaciones en dicho país.

|| Efectos del reconocimiento del abono acumulado y de forma anticipada de la prestación

Reconocido el derecho al abono anticipado y acumulado de la prestación contributiva por desempleo, las autorizaciones de residencia de las que sean titulares los beneficiarios de aquellas quedarán extinguidas transcurridos treinta días naturales, contados a partir de la fecha de realización del primer pago del 40 % ya mencionado, sin necesidad de otro procedimiento administrativo.

De igual modo, **no podrán concederse autorizaciones de residencia o de residencia y trabajo a quienes hubieran sido beneficiarios de la modalidad de abono anticipado** y acumulado de la prestación contributiva por desempleo, regulada en el Real Decreto-ley 4/2008, de 19 de septiembre, mientras no haya transcurrido un período de tres años desde su salida de España.

|| Obligaciones de los solicitantes y beneficiarios del APRE

Será obligación de los **solicitantes del abono anticipado y acumulado de la prestación contributiva por desempleo proporcionar la documentación e información** que se requiera para el reconocimiento y pago de la prestación, y de los beneficiarios cumplir los compromisos adquiridos y las condiciones establecidas para ser beneficiario de dicha modalidad de pago de la prestación contributiva por desempleo, así como reintegrar, en su caso, el importe de las prestaciones indebidamente percibidas.

Procederá el reintegro de los importes indebidamente percibidos en los siguientes casos:

- **Cuando se hubiera obtenido la prestación falseando** los requisitos requeridos para su obtención.

- **Cuando se hubiera revocado el derecho a la prestación por desempleo de nivel contributivo.**

- Cuando se **hubieran incumplido los compromisos adquiridos y las condiciones señaladas en el artículo único del RD-Ley 4/2008, de 19 de septiembre, y en el RD 1800/2008, de 3 de noviembre.**

Las previsiones anteriores se entienden sin perjuicio de la aplicación, en su caso, de la Ley de infracciones y sanciones en el orden social aprobada en su texto refundido por el Real Decreto Legislativo 5/2000, de 4 de agosto, y de la Ley Orgánica 4/2000, de 11 de enero, sobre derechos y libertades de los extranjeros en España y su integración social.

|| Otras ayudas y acciones para facilitar el retorno voluntario

La percepción de la prestación contributiva por desempleo de forma acumulada y anticipada en los términos y condiciones previstas en el RD 1800/2008, de 3 de noviembre será compatible con otras ayudas o servicios que pueda obtener el trabajador extranjero para facilitar el retorno voluntario de él o de su familia a su país de origen o para facilitar su integración en el mismo.

El Ministerio de Trabajo y Economía Social, directamente o a través de otras entidades u organismos, públicos o privados, prestará a los trabajadores extranjeros que deseen acogerse a la modalidad de abono de la prestación contributiva por desempleo que se está examinando, la información necesaria para que puedan adoptar voluntariamente la decisión de acogerse a la misma.

Asimismo, el Ministerio de Trabajo y Economía Social, dentro de sus disponibilidades presupuestarias, podrá establecer ayudas para facilitar el traslado voluntario de los trabajadores extranjeros que se acojan a la indicada modalidad de pago de la prestación contributiva por desempleo.

El Ministerio de Asuntos Exteriores, Unión Europea y Cooperación, a través de la Agencia Española de Cooperación Internacional para el Desarrollo, o a través de otras entidades u organismos, públicos o privados, podrá prestar apoyo a los trabajadores extranjeros, cuyo país de origen esté contemplado en el Plan Director de la Cooperación Española vigente, que se acojan a la modalidad de pago de la prestación contributiva por desempleo que se regula en este real decreto para facilitar la reintegración socioeconómica y favorecer iniciativas de empleo y desarrollo que de común acuerdo se impulsen y en el marco de los programas, proyectos y actuaciones de la Cooperación Española en dicho país.

Con la finalidad de propiciar la mayor eficacia en la gestión de las ayudas y acciones a que se refieren los apartados anteriores, los Ministerios de Asuntos Exteriores, Unión Europea y Cooperación y de Trabajo y Economía Social, en el ámbito de sus competencias, podrán celebrar acuerdos de colaboración con entidades y organismos públicos y privados.

7.
SUSPENSIÓN, EXTINCIÓN Y REANUDACIÓN DE LA PRESTACIÓN CONTRIBUTIVA POR DESEMPLEO

El derecho a la percepción de la prestación por desempleo se suspenderá o extinguirá según lo establecido en los arts. 271 y 272 de la LGSS.

7.1. Suspensión de la prestación contributiva por desempleo

El derecho a la percepción de la prestación por desempleo se suspenderá por la entidad gestora en los siguientes casos (art. 271 de la LGSS):

1. **Por imposición de sanción.** Durante el periodo que corresponda por imposición de sanción por infracciones leves y graves en los términos establecidos en el texto refundido de la Ley sobre Infracciones y Sanciones en el Orden Social.

   Si finalizado el período a que se refiere el párrafo anterior, el beneficiario de prestaciones no se encontrará inscrito como demandante de empleo o mantuviera suspendido el acuerdo de actividad, la reanudación de la prestación requerirá la previa acreditación de dicha inscripción y de la reactivación del acuerdo de actividad por parte del beneficiario, ante la entidad gestora, mediante cualquier medio válido en derecho.

2. **Durante la situación de nacimiento, adopción, guarda con fines de adopción o acogimiento** (art. 284 de la LGSS).

3. **Mientras el titular del derecho esté cumpliendo condena que implique privación de libertad.** No se suspenderá el derecho si el titular solicita su continuidad acreditando que la suma de las rentas de su unidad familiar (art. 275 de la LGSS), dividida entre el número de miembros que la componen no exceda del salario mínimo interprofesional.

4. **Mientras el titular del derecho realice un trabajo por cuenta ajena, a tiempo completo o a tiempo parcial, de duración inferior a doce**

meses. En este caso la LGSS concreta «salvo en los supuestos y durante el periodo máximo previstos en el artículo 282.2 y 3» donde se regula la compatibilidad de trabajo y prestación por desempleo.

5. **Mientras el titular del derecho realice un trabajo por cuenta propia de duración inferior a sesenta meses** en el supuesto de trabajadores por cuenta propia que causen alta en el Régimen Especial de la Seguridad Social de los Trabajadores por Cuenta Propia o Autónomos o en el Régimen Especial de la Seguridad Social de los Trabajadores del Mar.

6. **Mientras el titular del derecho realice un trabajo por cuenta propia de duración inferior a veinticuatro meses** en el supuesto de actividades con alta en alguna mutualidad de previsión social alternativa al Régimen Especial de la Seguridad Social de los Trabajadores por Cuenta Propia o Autónomos.

> **A TENER EN CUENTA.** La reanudación de la prestación contributiva por desempleo (o subsidio) tras realización de actividad se regula en el art. 271.3 de la LGSS.

7. Cuando en los procesos donde **se ejerciten acciones derivadas de despido o de decisión extintiva de la relación de trabajo la sentencia declare su improcedencia y el empresario que hubiera optado por la readmisión interpusiera alguno de los recursos autorizados por la LRJS,** mientras el trabajador continúe prestando servicios o no los preste por voluntad del empresario durante la tramitación del recurso.

Una vez que se produzca la resolución definitiva se procederá conforme a lo establecido para las resoluciones recaídas en procedimientos de despido o extinción del contrato de trabajo (arts. 297 de la LRJS y 268.5 de la LGSS):

– Cuando el despido sea considerado improcedente y se opte por la indemnización, el trabajador continuará percibiendo las prestaciones por desempleo o, si no las estuviera percibiendo, comenzará a percibirlas con efectos desde la fecha del cese efectivo en el trabajo, siempre que lo solicite a la entidad gestora, tomando como fecha inicial para tal cumplimiento la del acta de conciliación o providencia de opción por la indemnización o, en su caso, la de la resolución judicial.

– Cuando se produzca la readmisión del trabajador, mediante conciliación o sentencia firme, o aunque aquella no se produzca en el supuesto al que se refiere el artículo 284 de la Ley reguladora de la jurisdicción social, las cantidades percibidas por este en concepto de prestaciones por desempleo se considerarán indebidas por causa no imputable al trabajador. En este caso, la entidad gestora cesará en el abono de las prestaciones por desempleo y reclamará a la Tesorería General de la Seguridad Social las cotizaciones efectuadas durante la percepción de las prestaciones. El empresario deberá ingresar a la entidad gestora las cantidades percibidas por el trabajador, deduciéndolas de los salarios dejados de percibir que hubieran correspondido, con el límite de la suma de tales salarios.

> **A TENER EN CUENTA.** A efectos de lo dispuesto en los párrafos anteriores, se aplicará lo establecido en el art. 295.1 de la LGSS respecto al reintegro de prestaciones indebidas de cuyo pago sea directamente responsable el empresario, así como de la reclamación al trabajador si la cuantía de la prestación hubiera superado la del salario.

8. **En los supuestos de estancia en el extranjero por un período, continuado o no, de hasta noventa días naturales como máximo durante cada año natural**, siempre que la salida al extranjero esté previamente **comunicada y autorizada** por la entidad gestora [art. 271.1.g) de la LGSS].

> **A TENER EN CUENTA.** No tendrá consideración de estancia ni de traslado de residencia la salida al extranjero por tiempo no superior a **treinta días naturales por una sola vez cada año (con anterioridad al 23/05/2024 eran 15 días)**, sin perjuicio del cumplimiento de las obligaciones establecidas para los solicitantes de prestaciones por desempleo (art. 299 de la LGSS).

La sanción administrativa por incurrir en una infracción por parte de un beneficiario de prestaciones del sistema de seguridad social consistente en el incumplimiento del deber de comunicar al SEPE la salida del territorio español se integra en el tipo contemplado en el art. 25.3 de la LISOS y la sanción prevista en el art. 47.1 b) del citado texto. (STS n.º 77/2024, de 19 de enero de 2024, ECLI:ES:TS:2024:308).

CUESTIÓN

¿Puede extinguirse o suspenderse la prestación por desempleo ante una salida al extranjero no comunicada ni autorizada si el SPEE no conoce el tiempo en que se ha estado fuera del país?

A pesar de que el SPEE no pueda acreditar la duración de la estancia en el extranjero la norma dispone la extinción por estancia en el extranjero cuando no está previamente comunicada y autorizada.

El art. 25.3 de la LISOS no tipifica la falta de autorización, pero si la falta de comunicación a la entidad gestora de que se incurre en causa de suspensión porque se va a estar más de treinta días fuera del extranjero y se precisa de su autorización y, en consecuencia, para que ella tenga conocimiento de la causa que provoca la suspensión de la prestación. (STS n.º 621/2024, de 29 de abril de 2024, ECLI:ES:TS:2024:2333).

JURISPRUDENCIA

STS n.º 293/2024, de 14 de febrero, ECLI:ES:TS:2024:905

Afirma que: «(...), no está de más recordar que, adecuándose como no puede ser de otra manera a la evolución de la regulación legal aplicable [en la actualidad, principalmente, artículos 272 b) y f), en relación con el artículo 271.1 g), y 299 b y h) LGSS y artículos 25.3 y 47.1 b) LISOS], nuestra jurisprudencia acepta, desde la STS 731/2017, de 27 de septiembre (rcud. 2242/2016), que la prestación

> de desempleo se puede extinguir por salidas del territorio nacional superiores a quince días no comunicadas al SEPE ni por él autorizadas. Remitimos, por todas, a las STSS 71/2020, de 28 de enero (rcud 1922/2017), y 77/2024, de 19 de enero (rcud 1026/2021)».

9. **Cuando los beneficiarios de las prestaciones por desempleo incumplan la obligación de presentar, en los plazos establecidos, los documentos que les sean requeridos** por la entidad gestora, siempre que los mismos puedan afectar a la conservación del derecho a las prestaciones.

10. **Durante los períodos en los que los beneficiarios no figuren inscritos como demandantes de empleo en el servicio público de empleo competente,** salvo que se encuentren trabajando por cuenta ajena a jornada completa y compatibilizando la prestación o el subsidio como complemento de apoyo al empleo (art. 282.3 de la LGSS).

11. **Durante los periodos en los que, de acuerdo con la comunicación del Servicio Público de Empleo competente, se incumpla o suspenda el acuerdo de actividad.**

12. **En caso de no presentar anualmente la declaración correspondiente al Impuesto sobre la Renta de las Personas Físicas** [art. 299.1.k) de la LGSS]. En este caso la suspensión tendrá lugar cuando la entidad gestora detecte que las personas beneficiarias de prestaciones hubieran incumplido durante un ejercicio fiscal la obligación de presentar la declaración del Impuesto sobre la Renta de las Personas Físicas, en las condiciones y plazos previstos en la normativa tributaria aplicable.

13. **Cuando los trabajadores fijos-discontinuos que sean llamados a reiniciar su actividad no se reincorporen a su puesto de trabajo,** salvo causa justificada.

JURISPRUDENCIA

STS, de 10 de marzo de 1992, ECLI:ES:TS:1992:12346

Necesidad de renovación mensual de la demanda de desempleo. Suspensión de la percepción de la prestación durante un mes en caso de incomparecencia ante la entidad gestora. El requisito de la permanencia mediante la renovación mensual, a que se refiere el art. 4 a) del Real Decreto 2394/1986, de 14 de noviembre, ni es constitutivo de derecho, ni su omisión tiene otro alcance que su consideración de falta leve o grave.

7.2. Extinción del derecho a prestación contributiva por desempleo

El derecho a la percepción de la prestación por desempleo se extinguirá en los siguientes casos (art. 272 de la LGSS):

1. Agotamiento del plazo de duración de la prestación.

2. **Imposición de sanción** en los términos previstos en la Ley sobre Infracciones y Sanciones en el Orden Social.

3. **Realización de un trabajo por cuenta ajena de duración igual o superior a doce meses**, sin perjuicio del derecho de opción (art. 269.3 de la LGSS).

4. **Realización de un trabajo por cuenta propia, por tiempo igual o superior a sesenta meses** en el supuesto de trabajadores por cuenta propia que causen alta en el Régimen Especial de la Seguridad Social de los Trabajadores por Cuenta Propia o Autónomos o en el Régimen Especial de la Seguridad Social de los Trabajadores del Mar.

5. **Realización de un trabajo por cuenta propia, por tiempo igual o superior a veinticuatro meses**, en el caso de actividades con alta en alguna mutualidad de previsión social alternativa al Régimen Especial de la Seguridad Social de los Trabajadores por Cuenta Propia o Autónomos.

6. **Cumplimiento, por parte del titular del derecho, de la edad ordinaria de jubilación**, salvo que el trabajador no tuviera acreditado el período de cotización requerido para ello o se trate de supuestos de suspensión de contrato o reducción de jornada [art. 266.d) de la LGSS].

7. **Pasar a ser pensionista de jubilación, o de incapacidad permanente en los grados de incapacidad permanente total, incapacidad permanente absoluta o gran invalidez.** No obstante, en estos casos, el beneficiario podrá optar por la prestación más favorable.

8. **Traslado de residencia o estancia en el extranjero**, salvo en los supuestos que sean causa de suspensión recogidos anteriormente [art. 271.f) y g) de la LGSS]. STS, rec. 4325/2011, de 18 de octubre de 2012, ECLI:ES:TS:2012:7817 y STS, rec. 4065/2010, de 22 de noviembre de 2011, ECLI:ES:TS:2011:8791.

9. **Renuncia voluntaria** al derecho.

10. **Transcurso del plazo de seis años desde la fecha de baja de la prestación sin haber reanudado el derecho.**

JURISPRUDENCIA

STS n.º 591/2017, de 5 de julio, ECLI:ES:TS:2017:2900

Extinción del derecho a la prestación por desempleo por estancia indebida en el extranjero. La inexistencia de reclamación previa en tiempo determina la firmeza de la resolución administrativa y no se beneficia de la previsión del art. 71.4 de la LRJS.

STS n.º 304/2017, de 5 de abril, ECLI:ES:TS:2017:1728

Compatibilidad del subsidio por desempleo con la actividad marginal de mediación comercial. La absoluta incompatibilidad con el trabajo por cuenta propia que proclama el art. 282.1 de la LGSS no alcanza a la actividad marginal de mediación comercial. Reitera doctrina.

7.3. ¿Cómo volver a reanudar la prestación por desempleo?

Mientras el titular del derecho a la prestación por desempleo realice un trabajo por cuenta ajena de duración inferior a doce meses, o un trabajo por cuenta propia de duración inferior a sesenta meses, la prestación por desempleo permanecerá suspendida y será posible su reanudación tras la finalización de la actividad.

El reconocimiento de la reanudación requerirá la inscripción como demandante de empleo y la reactivación del acuerdo de actividad a que se refiere el art. 3 de la Ley 3/2023, de 28 de febrero, salvo en aquellos casos en los que la entidad gestora exija la suscripción de un nuevo acuerdo.

Para reanudar la prestación (o subsidio) por desempleo será necesario cumplir **distintos requisitos según la situación de la que derive la suspensión de la misma** (art. 271.3 de la LGSS):

1. **Con carácter general, previa solicitud del interesado** [en los supuestos recogidos en los párrafos b), c), d), e), f) y g) del art. 271.1 de la LGSS], siempre que se acredite que ha finalizado la causa de suspensión, que, en su caso, esa causa constituye situación legal de desempleo o inscripción como demandante de empleo en el caso de los trabajadores por cuenta propia.

2. **De oficio por la entidad gestora tras la finalización sanción por suspensión ante infracciones leves y graves** [art. 271.1.a) de la LGSS], siempre que el período de derecho no se encuentre agotado.

3. **A partir de la fecha en que queda acreditado que cumple los requisitos legales establecidos para el mantenimiento del derecho,** en los supuestos de no haber presentado la documentación requerida o por haber incumplido durante un ejercicio fiscal la obligación de presentar la declaración del Impuesto sobre la Renta de las Personas Físicas, en las condiciones y plazos previstos en la normativa tributaria aplicable [art. 271.h) y k) de la LGSS].

4. **A partir de la fecha de la inscripción como demandante de empleo, o reactivación del acuerdo de actividad,** salvo que proceda el mantenimiento de la suspensión de la prestación o su extinción [art. 271.1. i) y j) de la LGSS]:

   – Durante los períodos en los que los beneficiarios no figuren inscritos como demandantes de empleo en el servicio público de empleo competente, salvo que se encuentren trabajando por cuenta ajena a jornada completa y compatibilizando la prestación o el subsidio como complemento de apoyo al empleo.

   – Durante los periodos en los que, de acuerdo con la comunicación del Servicio Público de Empleo competente, se incumpla o suspenda el acuerdo de actividad.

5. Previa solicitud de la persona trabajadora fija discontinua acreditando una nueva situación legal de desempleo.

Plazo de solicitud

El derecho a la reanudación de la prestación por desempleo nacerá a partir del término de la causa de suspensión siempre que se solicite en el **plazo de los quince días siguientes**. El reconocimiento de la reanudación requerirá:

- La inscripción como demandante de empleo.
- La reactivación del acuerdo de actividad o, en caso de ser exigido por la entidad gestora, la suscripción de un nuevo acuerdo (art. 3 de la Ley 3/2023, de 28 de febrero).

CUESTIONES

1. ¿Cómo puedo solicitar la reanudación de la prestación?

A través de la sede electrónica del SPEE, siempre que se disponga de certificado digital, DNI electrónico o usuario y contraseña Cl@ve. También de forma presencial en una oficina del SPEE o por teléfono.

2. ¿Qué sucede si se presenta la solicitud de reanudación de la prestación transcurrido el plazo de quince días desde la suspensión?

Se producirán los mismos efectos previstos para la solicitud inicial tardía en el art. 268.2 de la LGSS.

Vacaciones y desempleo

En el caso de que el período que corresponde a las vacaciones anuales retribuidas no haya sido disfrutado con anterioridad a la finalización de la relación laboral, o con anterioridad a la finalización de la actividad de temporada o campaña de los trabajadores fijos discontinuos, la situación legal de desempleo y el nacimiento del derecho a las prestaciones se producirá una vez transcurrido dicho período, siempre que se solicite dentro del plazo de los quince días siguientes a la finalización del mismo (art. 268.3 de la LGSS).

El citado período deberá constar en el certificado de empresa a estos efectos.

Ejercicio del derecho de opción

Si tras el cese en el trabajo por cuenta propia el trabajador tuviera derecho a la **protección por cese de actividad**, podrá optar entre percibir esta o reabrir el derecho a la protección por desempleo suspendida.

Cuando el derecho a la prestación se extinga por realizar el titular uno o varios trabajos de duración acumulada igual o superior a doce meses, sin reanudar entre ellos la prestación por desempleo, podrá optar, en el caso de que se le reconozca una nueva prestación, entre reabrir el derecho inicial por el período que le restaba y las bases y tipos que le correspondían, o percibir la prestación generada por las nuevas cotizaciones efectuadas. Cuando el trabajador opte por la prestación anterior, las cotizaciones que generaron aquella prestación por la que no hubiera optado no podrán computarse para el reconocimiento de un derecho posterior, de nivel contributivo o asistencial (art. 269.3 de la LGSS).

Trabajador fijo discontinuo

Durante los períodos de inactividad productiva de los trabajadores fijos-discontinuos existe situación legal de desempleo [art. 267.1.d) de la LGSS].

Si el trabajador tiene un «contrato por tiempo indefinido fijo-discontinuo» podrá optar también, aunque no haya extinguido el derecho a prestación por desempleo anterior, entre reanudar ese derecho o percibir uno nuevo si acredita un periodo de ocupación cotizada de, al menos, 360 días y cumple el resto de requisitos. En este caso, si opta por reanudar el derecho anterior que tenía interrumpido, las cotizaciones tenidas en cuenta para la nueva prestación por la que no opta sí podrán computarse para un derecho posterior (STSJ de Madrid, rec. 5393/2012, de 13 de febrero de 2013, ECLI:ES:TS-JM:2013:1885).

Lo establecido en el art. 283 de la LGSS en caso de desempleo e incapacidad temporal será de aplicación a los trabajadores fijos discontinuos durante los periodos de inactividad productiva.

8.
COMPATIBILIDAD E INCOMPATIBILIDAD DE LA PRESTACIÓN POR DESEMPLEO: ¿CUÁNDO ES COMPATIBLE COBRAR EL PARO Y TRABAJAR?

Las compatibilidades e incompatibilidades de la prestación contributiva por desempleo y el subsidio se regulan de manera unificada en el art. 282 de la LGSS y art. 15 del Real Decreto 625/1985, de 2 de abril.

8.1. Real Decreto-ley 2/2024, de 21 de mayo y compatibilidades generales de la prestación contributiva y el subsidio por desempleo

Con carácter general, las modificaciones realizadas por el Real Decreto-ley 2/2024, de 21 de mayo, permiten compatibilizar las prestaciones por desempleo con un trabajo a tiempo parcial o completo —los primeros seis meses de actividad en caso de subsidio y hasta los veinticuatro meses en caso de prestación contributiva— mediante el denominado «**complemento de apoyo al empleo (CAE)**».

- En los supuestos de compatibilidad del subsidio con el trabajo por cuenta ajena, la prestación se percibirá como un CAE, sin que cambie su naturaleza jurídica, siendo realmente una nueva forma de compatibilidad del subsidio con el trabajo.

- En los supuestos de compatibilidad de la prestación contributiva con el trabajo por cuenta ajena, el CAE se percibirá siempre que se hayan devengado nueve meses y que el derecho reconocido fuera igual o superior a doce meses.

La aparición de este **nuevo régimen de compatibilidad** ha supuesto la necesidad de adaptar tanto las prestaciones contributivas por desempleo como los subsidios, lo que puede resultar confuso si no tenemos presente **las distintas fechas de aplicación tanto del art. 282 como de las D.A 57.ª, D.A 58.ª y D.T. 44.ª de la LGSS**, donde se configura un enrevesado régimen transitorio hasta la aplicación efectiva del complemento de apoyo al empleo. Resumiendo la aplicación normativa en un sucinto esquema:

Periodo	Prestación	Compatibilidad trabajo-prestación	Normativa aplicable
Hasta el día 31 de octubre de 2024 y mientras no se aplique la nueva regulación	Subsidios por desempleo. Prestación contributiva por desempleo.	Solo para contratos parciales.	Art. 282 de la LGSS (redacción anterior al 23/05/2024).
Desde el 1 de noviembre de 2024 al 31 de marzo de 2024 (Inicio de la aplicación de la nueva regulación)	Subsidios por desempleo. Prestación contributiva por desempleo.	Complemento de apoyo al empleo. Prestación contributiva por desempleo: complemento de apoyo al empleo compatible con un empleo por cuenta ajena a tiempo completo previa solicitud del beneficiario.	Subsidios por desempleo: art. 282 de la LGSS (redacción vigente desde el 23/05/2024). Prestación contributiva por desempleo: art. 282 de la LGSS (redacción vigente desde el 23/05/2024. Con las peculiaridades previstas en la D.A 59.ª 2 de la LGSS que afectan a la cuantía y duración de la prestación.
Desde el 1 de abril de 2025	Prestación contributiva por desempleo.	Prestación contributiva por desempleo: complemento de apoyo al empleo compatible con el trabajo por cuenta ajena a tiempo completo y a tiempo parcial.	Prestación contributiva por desempleo: art. 282 de la LGSS (redacción vigente desde el 23/05/2024). Con las peculiaridades previstas en la D.A 59.ª 1 de la LGSS que afectan a la cuantía y duración de la prestación.

Periodo	Prestación	Compatibilidad trabajo-prestación	Normativa aplicable
Desde el 1 de abril de 2025	Subsidio para emigrantes retornados Subsidio para víctimas por violencia de género o sexual	Complemento de apoyo al empleo.	Art. 282 de la LGSS (redacción vigente desde el 23/05/2024). D.T. 44.ª de la LGSS

Con carácter general, la prestación y el subsidio por desempleo **serán incompatibles con**:

- **El trabajo por cuenta propia** aunque su realización no implique la inclusión obligatoria en alguno de los regímenes de la Seguridad Social o en alguna mutualidad de previsión social alternativa al Régimen Especial de la Seguridad Social de los Trabajadores por Cuenta Propia o Autónomos.

  - En concordancia con esta previsión, los arts. 271, 272 y 279 de la LGSS regulan los supuestos de suspensión y extinción de las prestaciones y subsidios de desempleo, entre los que incluyen las situaciones en las que el beneficiario haya realizado un trabajo por cuenta propia o ajena por un tiempo inferior o superior al previsto para cada caso en esa norma, o se le hubiere impuesto la sanción de suspensión o extinción de la prestación en los términos previstos en la LISOS.

  - Como excepción a este principio general de incompatibilidad, doctrina y jurisprudencia admiten supuestos especiales a valorar individualmente, tales como: estando ya percibiendo prestaciones desempleo, no declarar ingresos muy pequeños por actividades agrícolas de consumo propio, trabajos puntuales, etc.

  - Igualmente, se admiten supuestos como: solicitar la prestación desempleo de pago único para iniciar una actividad por cuenta propia, o, habiendo percibido prestaciones desempleo, suspendidas al realizar trabajos por cuenta propia, cesando dicha actividad, su reanudación en los términos oportunos.

  - **La obtención de prestaciones contributivas de carácter económico de la Seguridad Social,** salvo que éstas hubieran sido compatibles con el trabajo que originó la prestación o el subsidio.

– **Las medidas de protección social previstas en la D.A. 41.ª y D.A. 46.ª de la LGSS**, dirigidas, respectivamente, a las personas trabajadoras afectadas por el Mecanismo RED y por ERTE fuerza mayor o ERTE fuerza mayor por impedimentos o limitaciones en la actividad normalizada autorizados con base en lo previsto en el art. 47.5 y 6 del ET.

La prestación y el subsidio serán compatibles con:

- La percepción de cualquier tipo de rentas mínimas, salarios sociales o ayudas análogas de asistencia social concedidas por cualquier Administración Pública, y con la percepción de las prestaciones económicas no contributivas de la Seguridad Social, excepto la de jubilación.

- La realización de prácticas formativas, prácticas académicas externas incluidas en programas de formación profesional o programas de formación en el trabajo.

RESOLUCIÓN RELEVANTE

STSJ de Castilla-León n.º 156/2024, de 5 de marzo del 2024, ECLI:ES:TSJCL:2024:1084

«(...) conforme al art. 282.2 LGSS las prestaciones desempleo son incompatibles con las prestaciones IT. Según ello, la actora no tenía derecho en ese momento a las prestaciones desempleo pretendidas».

8.2. Compatibilidades de la prestación por desempleo

La percepción de la prestación por desempleo es compatible con:

- La realización de prácticas formativas, prácticas académicas externas incluidas en programas de formación o programas de formación para el empleo

- Con el trabajo por cuenta propia cuando esté establecida la compatibilidad en algún programa de fomento de empleo.

- Con la indemnización que proceda por extinción del contrato de trabajo.

- Con la pensión de jubilación parcial y con las pensiones o las prestaciones de carácter económico de la Seguridad Social que hubieran sido compatibles con el trabajo que originó la prestación.

- Con la realización de trabajo de colaboración social.

- Con el ejercicio por elección o designación de cargos públicos o sindicales retribuidos que supongan dedicación parcial, sin perjuicio de la deducción correspondiente en la cuantía de la prestación.

A TENER EN CUENTA. En relación con la incompatibilidad general entre trabajo y prestaciones se considera infracción grave la no comunicación de la baja en prestaciones en el momento en que se produce una situación de suspensión o extinción del derecho, siempre que la falta de comunicación implique la percepción indebida de la prestación. La obligación de comunicarlo es del beneficiario o solicitante de las prestaciones y la infracción se sanciona con la extinción de la prestación o subsidio.

JURISPRUDENCIA

STS n.º 331/2023, de 9 de mayo del 2023, ECLI:ES:TS:2023:2037 (aplicando doctrina de la STS, rec. 1723/2018, de 20 de diciembre de 2018, ECLI:ES:TS:2018:4524

Analizando si puede compatibilizarse el percibo de la prestación contributiva de desempleo y los rendimientos obtenidos por la instalación de paneles de energía eléctrica en unas parcelas de propiedad de la beneficiaria, el TS entiende que el simple percibo de unos ingresos o rentas procedentes de una instalación fotovoltaica no resulta suficiente para la calificación del trabajo por cuenta propia que requiere el art. 282 de la LGSS si la explotación misma no se lleva a cabo de alguna manera por el beneficiario y ésta se limita a la obtención de aquéllos.

8.3. Incompatibilidad de la prestación por desempleo y el trabajo por cuenta ajena

El art. 282.2 de la LGSS regula la incompatibilidad de la prestación contributiva por desempleo con el trabajo por cuenta ajena, excepto cuando éste se realice a tiempo parcial y se haya solicitado la compatibilidad por el trabajador, en cuyo caso se deducirá del importe de la prestación, la parte proporcional al tiempo trabajado.

Si la compatibilidad se solicita dentro de los quince días hábiles siguientes a la fecha de inicio de la relación laboral, se aplicará desde dicha fecha. En caso contrario se aplicará desde la fecha de la solicitud, siempre que ésta se presente antes de que transcurran doce meses desde la fecha de inicio de la relación laboral.

La deducción a que se refiere el párrafo anterior se efectuará además de cuando el trabajador esté percibiendo la prestación por desempleo como consecuencia de la pérdida de un trabajo a tiempo completo o parcial y obtenga un nuevo trabajo a tiempo parcial, cuando tenga varios contratos a tiempo parcial y pierda uno de ellos.

A TENER EN CUENTA. Esta regulación de la incompatibilidad con el trabajo a tiempo completo debe tenerse en cuenta con carácter general y con las precisiones previstas para la percepción del complemento de apoyo al empleo en los supuestos de percibir una prestación contributiva superior a doce meses y una vez devengados los primeros nueve meses.

8.4. Mantenimiento de la prestación por desempleo durante la prestación de servicios

La prestación por desempleo permanece suspendida (junto a otras causas tratadas en el análisis del art. 271 de la LGSS) mientras el titular del derecho realice:

- Un trabajo por cuenta ajena, a tiempo completo o a tiempo parcial, de duración inferior a doce meses, salvo en los supuestos y durante el periodo máximo previstos en el artículo 282.2 y 3 de la LGSS.

- Un trabajo por cuenta propia de duración inferior a sesenta meses en el supuesto de trabajadores por cuenta propia que causen alta en el Régimen Especial de la Seguridad Social de los Trabajadores por Cuenta Propia o Autónomos o en el Régimen Especial de la Seguridad Social de los Trabajadores del Mar, o a veinticuatro meses, en el caso de actividades con alta en alguna mutualidad de previsión social alternativa al Régimen Especial de la Seguridad Social de los Trabajadores por Cuenta Propia o Autónomos.

CUESTIÓN

¿Puedo cobrar el paro si mantengo un empleo a tiempo parcial habiendo perdido un empleo a tiempo completo? ¿Cómo se calculan su duración y cuantía?

La legislación española permite la compatibilidad de la percepción de una prestación contributiva por desempleo con el mantenimiento de un empleo a tiempo parcial, siempre que la pérdida del empleo a tiempo completo haya sido involuntaria. Esta situación se considera como una situación legal de desempleo, permitiendo al afectado solicitar y cobrar la prestación por desempleo, siempre y cuando cumpla con los requisitos generales establecidos por el art. 282 de la LGSS.

- **Duración de la prestación:** la duración de la prestación por desempleo se determina en función de los períodos cotizados no utilizados para el cálculo de prestaciones anteriores, dentro de los seis años anteriores a la situación legal de desempleo. Esto incluye las cotizaciones correspondientes al empleo perdido, al empleo a tiempo parcial que se mantiene, y a cualquier otra relación laboral que el solicitante haya tenido durante ese periodo.

- **Cuantía de la prestación:** La cuantía de la prestación se calcula a partir de las cotizaciones de los últimos 180 días trabajados antes del cese del empleo a tiempo completo. Se consideran tanto las cotizaciones del contrato finalizado como las del contrato a tiempo parcial que se mantiene. A la cuantía calculada se le deduce la parte proporcional correspondiente al trabajo a tiempo parcial que se sigue realizando.

RESOLUCIÓN RELEVANTE

STSJ de Madrid n.º 38/2005, de 28 de enero de 2005, ECLI:ES:TSJM:2005:727

Compatibilidad entre beca y prestación por desempleo. El TSJ revoca la sentencia de instancia, y matiza que la condición de becario/a no permite tener la condición de trabajador por cuenta ajena, no siendo razonable que se declarase su incompatibilidad con carácter general por aquella razón. Si la beca hace incompatible la percepción de la prestación por desempleo, ello no es óbice para que en esa situación se puedan aplicar las normas de proporcionalidad que invoca la recurrente, en atención a que su actividad como becaria es equivalente a la situación laboral a tiempo parcial y le permite, bajo dichas condiciones, atender cualquier oferta de empleo, porque de lo contrario incurriría en la causa de extinción.

JURISPRUDENCIA

STS, rec. 3073/2011 de 20 de septiembre de 2012, ECLI:ES:TS:2012:6274

Incompatibilidad entre los salarios de tramitación y las prestaciones por desempleo reconocidas.

STS, rec. 2951/2014, de 7 de julio de 2015, ECLI:ES:TS:2015:3967

Incompatibilidad de prestaciones ente IPT y desempleo. Trabajador que teniendo reconocida IPT como oficial de artes gráficas, se emplea como almacenero (también de artes gráficas), siendo posteriormente despedido, por lo que insta la prestación de desempleo, que le fue reconocida, habiendo obtenido unos días antes una nueva declaración de IPT para esa segunda actividad tras hallarse en IT, situación en la que agotó el período correspondiente a la misma.

Revocación de prestación de desempleo por entender la entidad gestora que su reconocimiento no se debió efectuar por existir una situación de incompatibilidad con la pensión de IPT que percibía.

8.5. Compatibilidad de la prestación contributiva de desempleo y el trabajo por cuenta ajena: complemento de apoyo al empleo

¿Cuándo es de aplicación?

La **D.A. 59.ª de la LGSS** establece un **régimen de compatibilidad aplicable a las prestaciones por desempleo** diferenciando dos fechas:

- Las prestaciones contributivas por desempleo nacidas antes del 1 de abril de 2025 (D.A. 59.ª.1 de la LGSS), «cuyo periodo de derecho fuera superior a doce meses, a partir de dicha fecha, y una vez devengados los primeros nueve meses, serán compatibles con el trabajo por cuenta ajena a tiempo completo, en la misma forma, condiciones y efectos previstos para el subsidio por desempleo en el apartado 3 del citado artículo, con las particularidades previstas en esta disposición, y previa solicitud del beneficiario. Presentada la solicitud en el plazo de los quince días hábiles siguientes al inicio de la relación laboral, se percibirá el complemento de apoyo al empleo desde el inicio de la relación laboral. Presentada la solicitud fuera de dicho plazo, producirá efectos desde la fecha de presentación de la solicitud».

- **Las prestaciones contributivas por desempleo nacidas a partir del 1 de abril de 2025 (D.A. 59.ª.2 de la LGSS)**, «(...) cuyo periodo reconocido de derecho **fuera superior a doce meses**, una vez devengados los primeros nueve meses, **serán compatibles con el trabajo por cuenta ajena a tiempo completo y a tiempo** parcial en la misma forma, condiciones y efectos previstos para el subsidio por desempleo en el apartado 3 del citado artículo, con las particularidades previstas en esta disposición».

A TENER EN CUENTA. La nueva regulación establece la compatibilidad del subsidio y prestación contributiva con el trabajo por cuenta ajena mediante el denominado complemento de apoyo al empleo.

- En el caso de la prestación contributiva nacida **antes del 1 de abril de 2025** (cuyo periodo de derecho fuera superior a un año, a partir de dicha fecha y una vez devengados los primeros 9 meses), serán **compatibles con un empleo por cuenta ajena a tiempo completo previa solicitud del beneficiario.**

- En el caso de la prestación contributiva nacida **tras el 1 de abril de 2025** (cuyo periodo de derecho fuera superior a un año, a partir de dicha fecha y una vez devengados los primeros 9 meses), serán compatibles con un empleo por cuenta ajena a **tiempo completo y a tiempo parcial.**

Características

El complemento de apoyo al empleo como compatibilidad de la prestación contributiva tendrá a todos los efectos naturaleza jurídica de prestación por desempleo de nivel contributivo.

|| Beneficiarios

Las personas con prestaciones contributivas por desempleo nacidas a partir del 1 de abril de 2025 cuyo periodo reconocido de derecho fuera superior a doce meses, una vez devengados los primeros nueve meses.

|| Compatibilidad del complemento de apoyo al empleo y el trabajo por cuenta ajena: límite de salario

Serán compatibles con el trabajo por cuenta ajena a tiempo completo y a tiempo parcial en la misma forma, condiciones y efectos previstos para el subsidio por desempleo (art. 282.3 de la LGSS).

La prestación contributiva por desempleo será incompatible con el trabajo por cuenta ajena cuando el salario bruto mensual sea superior al 375 % del IPREM en la forma que se establezca reglamentariamente.

|| Posibilidad de desistir de la aplicación de la compatibilidad

El beneficiario podrá desistir de la aplicación de la compatibilidad presentando solicitud al efecto:

- Si la solicitud se presenta en el plazo de los quince días hábiles siguientes a la efectividad del complemento de apoyo al empleo por inicio de la relación laboral o por inicio del décimo mes de devengo de la prestación manteniendo uno o varios contratos a tiempo parcial: la prestación quedará suspendida por realizar un trabajo por cuenta ajena a tiempo completo o a tiempo parcial desde la fecha de inicio de dicho trabajo o desde el inicio del décimo mes de devengo.

- Si la solicitud se presenta pasado el plazo de quince días hábiles siguientes a la efectividad del complemento de apoyo al empleo: la prestación se suspenderá desde la fecha en que se solicite.

En ambos casos, una vez suspendida la prestación, quedará sujeta a las condiciones generales de reanudación por colocación, sin posibilidad de compatibilizar la misma, a partir de entonces, con el trabajo a tiempo parcial (art. 282.2 de la LGSS).

Cuantía y duración del complemento de apoyo del complemento de apoyo al empleo aplicable a las prestaciones contributivas

Para prestaciones contributivas por desempleo —cuyo periodo reconocido de derecho fuera superior a doce meses y una vez devengados los primeros nueve meses— nacidas **después del 1 de abril de 2025** (D.A. 59.ª.3 de la LGSS):

Mes de prestación en que se percibe el complemento de apoyo al empleo	CAE. Empleo a tiempo completo (% IPREM)	CAE. Empleo a tiempo parcial >= 75 % de la jornada (% IPREM)	CAE. Empleo a tiempo parcial <75 % y >=50 % de la jornada (% IPREM)	CAE. Empleo a tiempo parcial <50 % de la jornada (% IPREM)	Duración máxima
10.º	80	75	70	60	30
11.º	80	75	70	60	60
12.º	80	75	70	60	90
13.º a 15.º	80	75	70	60	180
16.º a 18.º	60	50	45	40	180

Mes de prestación en que se percibe el complemento de apoyo al empleo	CAE. Empleo a tiempo completo (% IPREM)	CAE. Empleo a tiempo parcial >= 75 % de la jornada (% IPREM)	CAE. Empleo a tiempo parcial <75 % y >=50 % de la jornada (% IPREM)	CAE. Empleo a tiempo parcial <50 % de la jornada (% IPREM)	Duración máxima
19.º a 21.º	40	35	30	25	180
11.º a 24.º	30	25	20	15	180

A TENER EN CUENTA:

- Para la determinación de la duración máxima se tendrá en cuenta el mes de prestación en que se inicie la compatibilización.

- La cuantía del complemento de apoyo al empleo se determinará, cada mes a partir del decimotercer mes, en función de la jornada pactada al inicio de la compatibilización y del mes en que se encuentre en cada momento el perceptor del complemento de apoyo conforme a la tabla anterior.

- Durante el periodo de percepción del complemento de apoyo al empleo por colocación a tiempo completo compatible con la prestación contributiva, la entidad gestora no ingresará cotizaciones a la Seguridad Social. Cuando este complemento sea compatible con una colocación a tiempo parcial, la entidad gestora cotizará reduciendo la base de cotización de forma proporcional al tiempo trabajado.

CUESTIÓN

¿Cuándo será posible compatibilizar la prestación por desempleo contributiva con el trabajo a tiempo parcial o completo?

Esto será aplicable a las prestaciones reconocidas a partir del 1 de abril de 2025 (D.A. 59.ª.3 de la LGSS). La prestación contributiva por desempleo se podrá compaginar con un empleo por cuenta ajena cuyo salario bruto mensual no supere el 375 % del Indicador Público de Rentas (IPREM), para ello será necesario que se hayan devengado nueve meses de paro y que el derecho reconocido fuera igual o superior a un año.

8.6. Compatibilización de la prestación por desempleo con el inicio de una actividad por cuenta propia

El art. 33 de la LETA regula la compatibilidad de las prestaciones por desempleo y el inicio de una actividad como autónomo o por cuenta propia:

1. **Beneficiarios.** Los titulares del derecho a la prestación por desempleo de nivel contributivo, por haber cesado con carácter total y definitivo su actividad laboral, que causen alta como trabajadores por cuenta propia en alguno de los regímenes de Seguridad Social, podrán compatibilizar la percepción mensual de la prestación que les corresponda con el trabajo autónomo.

   Aquellos perceptores de la prestación por desempleo que se incorporen como socios de sociedades laborales de nueva creación o socios trabajadores de cooperativas de trabajo asociado de nueva creación que estén encuadrados en el régimen especial de la Seguridad Social que corresponda por razón de su actividad por cuenta propia, cuando cumplan los requisitos que se especifican.

2. **Tiempo de compatibilización**: un máximo de 270 días (9 meses) o por el tiempo inferior pendiente de percibir.

3. **Solicitud**: Ha de solicitarse a la entidad gestora en el plazo de 15 días a contar desde la fecha de inicio de la actividad por cuenta propia, sin perjuicio de que el derecho a la compatibilidad de la prestación surta efecto desde la fecha de inicio de tal actividad. Transcurrido dicho plazo de 15 días el trabajador no podrá acogerse a esta compatibilidad.

4. **Finalización**: la realización de un trabajo por cuenta ajena a tiempo completo o parcial supondrá el fin de la compatibilización.

5. **Exclusiones**:

   – Aquellas personas cuyo último empleo haya sido por cuenta propia.

   – Quienes hayan hecho uso de este derecho u obtenido el pago único de la prestación por desempleo en los 24 meses inmediatamente anteriores.

   – Quienes se constituyan como trabajadores autónomos y suscriban un contrato para la realización de su actividad profesional con el empleador para el que hubiese prestado sus servicios por cuenta ajena con carácter inmediatamente anterior al inicio de la situación legal de desempleo o una empresa del mismo grupo empresarial de aquella.

9.
ANÁLISIS DE SUPUESTOS CONTROVERTIDOS

A continuación analizaremos una serie de supuestos en los que la prestación por desempleo contributiva genera múltiples dudas y es causa constante de reclamaciones por parte de los prestacionistas.

9.1. Prestación por desempleo y nacimiento y cuidado de menor

El art. 284 de la LGSS (donde se regula las situaciones de desempleo contributivo surgidas durante la situación de nacimiento, adopción, guarda con fines de adopción o acogimiento) deja claro que la situación de percepción de desempleo no es ningún obstáculo para acceder a la prestación de por nacimiento y cuido de menor y que la interrelación entre ambas prestaciones cubre todos los supuestos de concurrencia con garantía del derecho del beneficiario a su percepción. (STSJ de Castilla La-Mancha n.º 815/2019, de 29 de mayo de 2019, ECLI:ES:TSJCLM:2019:1361):

- Cuando el trabajador se encuentre en situación de nacimiento, adopción, guarda con fines de adopción o acogimiento y durante las mismas pase a situación legal de desempleo (art. 267.1 de la LGSS): seguirá percibiendo la correspondiente prestación hasta que se extingan dichas situaciones, pasando entonces a la situación legal de desempleo y a percibir, si reúne los requisitos necesarios, la prestación por desempleo.

    En este caso no se descontará del período de percepción de la prestación por desempleo de nivel contributivo el tiempo que hubiera permanecido en situación de nacimiento, adopción, guarda con fines de adopción o acogimiento.

- Cuando el trabajador esté percibiendo la prestación por desempleo total y pase a la situación de nacimiento, adopción, guarda con

fines de adopción o acogimiento: percibirá la prestación por nacimiento y cuidado de menor en la cuantía que corresponda.

En este supuesto se le suspenderá la prestación por desempleo y la cotización a la Seguridad Social prevista en el art. 265.1.a).2.° de la LGSS y pasará a percibir la prestación correspondiente a su situación, gestionada directamente por su entidad gestora (art. 284 de la LGSS). Una vez extinguida esta, se reanudará la prestación por desempleo [art. 271.4.b) de la LGSS] por la duración que restaba por percibir y la cuantía que correspondía en el momento de la suspensión.

Estos supuestos necesitan un análisis pormenorizado:

SITUACIÓN	CONTINUIDAD / NACIMIENTO PRESTACIÓN	PAGADOR	PLAZO	TÉRMINO DEL PERIODO DE BAJA
EXTINCIÓN DEL CONTRATO DURANTE LA SITUACIÓN DE NACIMIENTO Y CUIDADO DE MENOR	Se sigue cobrando la prestación por nacimiento y cuidado de menor.	• Instituto Nacional de la Seguridad Social (INSS). • Mutua.	• 16 semanas. • Obtener el alta médica.	Se abre el plazo de 15 días para solicitar las prestaciones por desempleo. • Siempre que el trabajador tenga derecho a ellas.
SITUACIÓN DE NACIMIENTO Y CUIDADO DE MENOR INICIADA DURANTE LA PERCEPCIÓN DE LA PRESTACIÓN DE DESEMPLEO	Nace la prestación por nacimiento y cuidado de menor y se suspende el pago del paro.	INSS	Mientras dura la baja no se consume el paro.	Solicitud de la reactivación de la prestación por desempleo • Mismo importe y duración que había cuando se suspendió.
SUBSIDIO POR DESEMPLEO/ AGOTAMIENTO DE LA PRESTACIÓN POR DESEMPLEO CUANDO SE PRODUCE LA SITUACIÓN DE NACIMIENTO Y CUIDADO DE MENOR	La baja por maternidad no afecta al cobro de los subsidios por desempleo. • Se seguirá cobrando la ayuda por el mismo importe y duración, como si no se hubiera producido baja.	..	..	..

JURISPRUDENCIA

STS, rec. 3241/2008, de 16 de junio de 2009, ECLI:ES:TS:2009:5457

Subsidio por desempleo/ agotamiento de la prestación por desempleo cuando se produce la maternidad. La base reguladora de la prestación económica cuando se produce el agotamiento de una prestación por desempleo y el inicio de una situación de incapacidad temporal el día antes de agotar aquella prestación por desempleo, produciéndose, a continuación y sin solución de continuidad, la situación de maternidad, será la misma base reguladora del subsidio por incapacidad temporal que venía cobrando la beneficiaria al tiempo del parto (que coincide con la cuantía del IPREM).

9.2. Prestación por desempleo e incapacidad temporal

La prestación económica en las diversas situaciones constitutivas de incapacidad laboral transitoria consistirá en un subsidio equivalente a un tanto por ciento sobre la base reguladora.

La determinación de la cuantía de la base reguladora para la prestación por IT depende del salario del mes anterior a la baja y varía según la causa de la incapacidad temporal sea una contingencia común o profesional, así como según se cobre el salario por meses o por días. No obstante, **el paso de la situación de IT a percibir prestación por desempleo tiene ciertas peculiaridades que trataremos a continuación siguiendo los supuestos establecidos en el art. 283 de la LGSS:**

1. **Cuando el trabajador se encuentre en situación de incapacidad temporal derivada de contingencias comunes y durante la misma se extinga su contrato**: seguirá percibiendo la prestación por incapacidad temporal en cuantía igual a la prestación por desempleo hasta que se extinga dicha situación, pasando entonces a la situación legal de desempleo (art. 267.1 de la LGSS) y a percibir, si reúne los requisitos necesarios, la prestación por desempleo contributivo que le corresponda de haberse iniciado la percepción de la misma en la fecha de extinción del contrato de trabajo, o el subsidio por desempleo. En tal caso, se descontará del período de percepción de la prestación por desempleo, como ya consumido, el tiempo que hubiera permanecido en la situación de incapacidad temporal a partir de la fecha de la extinción del contrato de trabajo.

2. **Cuando el trabajador se encuentre en situación de incapacidad temporal derivada de contingencias profesionales y durante la misma se extinga su contrato de trabajo**: seguirá percibiendo la prestación por incapacidad temporal, en cuantía igual a la que tuviera reconocida, hasta que se extinga dicha situación, pasando entonces, en su caso, a la situación legal de desempleo (art. 267.1 de la LGSS), y a percibir, si reúne los requisitos necesarios, la correspondiente prestación por desempleo sin que, en este caso, proceda descontar del período de percepción de la misma el tiempo que hubiera permanecido en situación de incapacidad temporal tras la extinción del contrato, o el subsidio por desempleo.

3. **Cuando el trabajador esté percibiendo la prestación de desempleo total y pase a la situación de incapacidad temporal que constituya recaída de un proceso anterior iniciado durante la vigencia de un contrato de trabajo**: percibirá la prestación por esta contingencia en cuantía igual a la prestación por desempleo. En este caso, y en el supuesto de que el trabajador continuase en situación de incapacidad temporal una vez finalizado el período de duración establecido inicialmente para la prestación por desempleo, seguirá percibiendo la prestación por incapacidad temporal en la misma cuantía en la que la venía percibiendo.

4. **Cuando el trabajador esté percibiendo la prestación de desempleo total y pase a la situación de incapacidad temporal que no constituya recaída de un proceso anterior iniciado durante la vigencia de un contrato de trabajo**: percibirá la prestación por esta contingencia en cuantía igual a la prestación por desempleo. En este caso, y en el supuesto de que el trabajador continuase en situación de incapacidad temporal una vez finalizado el período de duración establecido inicialmente para la prestación por desempleo, seguirá percibiendo la prestación por incapacidad temporal en cuantía igual al 80 por ciento del indicador público de rentas de efectos múltiples mensual.

9.3. Salida del territorio nacional de beneficiarios de prestaciones por desempleo

Situaciones de protección del desempleo y salida al extranjero

En España se hallan muchos **extranjeros originarios de países que no pertenecen a la Unión Europea y que reciben prestaciones por desempleo**. Es bastante habitual que estos **extranjeros retornen a su país**, de forma que, en determinados supuestos, **la entidad gestora suspenderá o extinguirá el derecho a la percepción de estas prestaciones**.

Como ha aclarado en unificación de doctrina la STS, rec. 4325/2011, de 18 de octubre de 2012, ECLI:ES:TS:2012:7817, la diversidad de supuestos litigiosos y la complejidad de la normativa aplicable aconsejan una exposición lo más clara posible de las distintas soluciones jurisprudenciales que corresponde en derecho a tales supuestos. Se distinguen tres grupos de situaciones de la protección del desempleo: prestación «mantenida», prestación «extinguida» y prestación «suspendida»:

- **Prestación «mantenida»**: en los supuestos de salida al extranjero por tiempo no superior a treinta días naturales al año, por una sola vez, siempre que el desplazamiento se haya comunicado a la Administración española en tiempo oportuno.

- Prestación «**extinguida**: con la salvedad que se indica a continuación [supuestos que causan suspensión recogidos en el art. 271.1.f) y g) de la LGSS], en los supuestos de traslado de residencia o estancia en el extranjero que no supongan la suspensión.

- Prestación «**suspendida**»: en el supuesto particular del art. 6.3 del Real Decreto 625/1985, de 2 de abril y art. 271.1.f) de la LGSS «(...) para la búsqueda o realización de trabajo, perfeccionamiento profesional o cooperación internacional, por un período continuado inferior a doce meses, siempre que la salida al extranjero esté previamente comunicada y autorizada por la entidad gestora, sin perjuicio de la aplicación de lo previsto sobre la exportación de las prestaciones en las normas de la Unión Europea».

- Prestación «**suspendida**»: en todos los demás supuestos en que se haya producido el desplazamiento al extranjero por tiempo inferior a noventa días, con la consiguiente ausencia del mercado de trabajo español del beneficiario de la prestación de desempleo.

A TENER EN CUENTA. En aquellos casos en los que se produjere una salida al extranjero por un periodo superior a 30 días, resulta preceptivo la previa comunicación de la salida a la entidad gestora, que deberá autorizarla, extinguiéndose en caso contrario.

Suspensión o extinción del derecho a prestación por desempleo por salida al extranjero

Suspensión del derecho a prestación por desempleo por salida al extranjero

De todos los motivos de suspensión de la prestación contributiva por desempleo (art. 271 de la LGSS), con carácter general, el prestacionista extranjero se verá afectado por la **suspensión ante la salida comunicada y autorizada por la entidad gestora** o ante una **posible sanción impuesta en caso de haber abandonado el territorio nacional sin la citada comunicación y autorización previa**.

El **art. 271 de la LGSS**, establece en su apartado primero las situaciones en las cuales se suspenderá este derecho. De todas ellas cabe resaltar, a efectos de la salida del territorio español, los subapartados f) y g):

«f) En los supuestos de **traslado de residencia al extranjero** en los que el beneficiario declare que es **para la búsqueda o realización de trabajo, perfeccionamiento profesional o cooperación internacional**, por un período continuado **inferior a doce meses**, siempre que la salida al extranjero **esté previamente comunicada y autorizada** por la entidad gestora, sin perjuicio de la aplicación de lo previsto sobre la exportación de las prestaciones en las normas de la Unión Europea.

g) En los supuestos de **estancia en el extranjero** por un período, continuado o no, de **hasta noventa días naturales** como máximo durante cada año **natural**, siempre que la salida al extranjero esté **previamente comunicada y autorizada** por la entidad gestora.

No tendrá consideración de estancia ni de traslado de residencia la salida al **extranjero por tiempo no superior a treinta días naturales por una sola vez cada año** *[con anterioridad al 23/05/2024, quince días], sin perjuicio del cumplimiento de las obligaciones de los trabajadores, solicitantes y beneficiarios de prestaciones por desempleo establecidas en el artículo 299».*

La **estancia en el extranjero comunicada, autorizada y dentro del plazo establecido** supondrá la suspensión del derecho a la prestación, la interrupción del abono de la misma y no afectará al período de su percepción. No obstante, la entidad gestora suspenderá el abono de las prestaciones durante el periodo que corresponda por **imposición de sanción por infracciones leves y graves en los términos establecidos en el texto refundido de la Ley sobre Infracciones y Sanciones en el Orden Social**, en este caso —como podría ser la estancia en el extranjero sin previa comunicación y autorización por la entidad gestora—, el período de percepción de la prestación se reducirá por tiempo igual al de la sanción impuesta.

A TENER EN CUENTA. La sanción administrativa por incurrir en una infracción por parte de un beneficiario de prestaciones del sistema de seguridad social consistente en el incumplimiento del deber de comunicar al SPEE la salida del territorio español se integra en el tipo contemplado en el art. 25.3 de la LISOS y la sanción prevista en el art. 47.1.b) del citado texto (STS n.º 77/2024, de 19 de enero de 2024, ECLI:ES:TS:2024:308) conforme a la siguiente escala:

- 1.ª Infracción. Pérdida de 3 meses de prestaciones.

- 2.ª Infracción. Pérdida de 6 meses de prestaciones.

- 3.ª Infracción. Extinción de prestaciones.

Posteriormente, en el apartado 3 del artículo 271 de la LGSS se establece **cuándo se reanudará la prestación por desempleo en caso de suspensión.** En lo que aquí interesa:

- **De oficio por la entidad gestora**, una vez terminada la sanción impuesta al extranjero, siempre que el período de derecho no se encuentre agotado y el trabajador figure inscrito como demandante de empleo.

- **Previa solicitud del interesado**, siempre que se acredite que ha finalizado la causa de suspensión, que, en su caso, esa causa constituye situación legal de desempleo o inscripción como demandante de empleo en el caso de los trabajadores por cuenta propia.

RESOLUCIONES RELEVANTES

Sentencia del Tribunal Supremo n.º 76/2017, de 31 de enero, ECLI:ES:TS:2017:656

Esta resolución versa sobre un trabajador que presta servicios en una empresa, carente de autorización de residencia y de autorización para trabajar en España. Posteriormente y sin solución de continuidad, regulariza su situación en la misma empresa, pretendiendo que se tenga como computable el período trabajado en situación irregular. La sala determina que ese trabajo no es computable, conforme a la normativa vigente y la reiterada doctrina del tribunal.

Sentencia del Tribunal Superior de Justicia de Extremadura n.º 552/2014, de 6 de noviembre, ECLI:ES:TSJEXT:2014:1888

El trabajador interpone recurso de suplicación contra la sentencia desestimatoria de su demanda en la que pretende que se deje sin efecto la extinción de las prestaciones por desempleo y el reintegro de las percibidas impuesto por la entidad gestora con motivo de que el demandante permaneció en el extranjero durante poco más de dos meses para adoptar una niña sin que lo comunicara al demandado.

Entiende la Sala del TSJ de Extremadura que, efectivamente, el tiempo de desplazamiento del trabajador al extranjero es inferior a 90 días, lo cual encaja dentro de los supuestos de suspensión de la prestación, no de extinción. Por este motivo se estima el recurso interpuesto y no deberá el trabajador reintegrar las cantidades percibidas por el derecho a la prestación por desempleo.

Extinción del derecho a prestación por desempleo por salida al extranjero

Dentro de todos los **motivos por los que se extinguirá el derecho a la percepción de la prestación por desempleo** regulados en el art. 272 de la LGSS, la letra f) de ese artículo concreta la extinción por el traslado de residencia o estancia al extranjero, siempre y cuando se superen los períodos de tiempo que se prevén para los casos de suspensión de la prestación tratados anteriormente [art. 47.1.b). 4.ª de la LISOS].

Tiempo de salida al extranjero cuando se percibe una prestación por desempleo	Requisitos	Suspensión de la prestación	Extinción de la prestación
Salida ocasional durante no más de 30 días naturales: - Continuados o no. - Dentro de cada año natural.	Con la suma de todos los períodos de salida al extranjero dentro del año no se superan los 30 días naturales.	No.	No.
Estancia en el extranjero por un período, continuado o no, superior a 30 días: - De hasta 90 días. naturales como máximo. - Dentro de cada año natural.	Siempre que se haya comunicado previamente al SPEE y este la autorice. Cumplir todas las condiciones establecidas en el art. 271 de la LGSS. 90 días naturales como máximo.	Sí.	No.
Traslado de residencia al extranjero: - Duración inferior a 12 meses. - Acreditando que el fin de la salida ha sido la búsqueda o realización de un trabajo, cooperación internacional o perfeccionamiento profesional.	Siempre que haya sido previamente autorizada por el SPEE.	Sí.	Si se cumplen requisitos y condiciones anteriores: No. Si no se cumplen requisitos y condiciones anteriores: Sí

CUESTIONES

1. Un viaje de menos de 30 días y hasta un máximo de 90 días al año, ¿supondría la suspensión de la prestación por desempleo?

No. La salida ocasional durante no más de 30 días naturales, continuados o no, dentro del año natural, no implica la suspensión de la prestación por desempleo.

2. Un viaje de más de 30 días y hasta un máximo de 90 días al año, ¿supondría la suspensión de la prestación por desempleo?

Sí. La estancia en el extranjero durante más de 30 días y hasta los 90 días naturales como máximo, dentro de cada año natural, permite la suspensión de la prestación por desempleo siempre que exista comunicación previa a la entidad gestora (SPEE o ISM) y esta la autorice por cumplir los requisitos establecidos en el art. 271 de la LGSS.

3. Si el traslado de residencia al extranjero es para la búsqueda o realización de trabajo, perfeccionamiento profesional o cooperación internacional, ¿qué límite temporal se aplica para la suspensión o extinción de la prestación por desempleo?

En los supuestos de traslado de residencia al extranjero en los que el beneficiario declare que es para la búsqueda o realización de trabajo, perfeccionamiento profesional o cooperación internacional, si se trata de un período continuado inferior a doce meses, siempre que la salida al extranjero esté previamente comunicada y autorizada por la entidad gestora, la prestación se suspende. Por un período continuado superior a doce meses, la prestación se extingue.

4. ¿Cómo se realiza la comunicación al SPEE de la salida al extranjero?

Existe un modelo oficial.

5. Si nos encontramos con una infracción grave prevista en el art. 25.3 de la LISOS, ¿a quién corresponde la potestad sancionadora?

Corresponde al SPEE la competencia para la tramitación del procedimiento sancionador e imposición de la correspondiente sanción.

9.4. Derecho de opción entre dos prestaciones por desempleo

El derecho de opción permite a la persona trabajadora elegir entre dos prestaciones por desempleo: la antigua que tenía suspendida mientras realizaba una prestación laboral por cuenta ajena o propia o la nueva que ha generado durante ese tiempo.

Derecho de opción entre dos prestaciones por desempleo en caso de suspensión de la prestación por desempleo ante trabajo por cuenta ajena

El art. 269.3 de la LGSS establece: «(...) cuando el derecho a la prestación se extinga por realizar el titular uno o varios trabajos de duración acumulada igual o superior a doce meses, sin reanudar entre ellos la prestación por desempleo, podrá optar, en el caso de que se le reconozca una nueva prestación, entre reabrir el derecho inicial por el período que le restaba y las bases y tipos que le correspondían, o percibir la prestación generada por las nuevas cotizaciones efectuadas. Cuando el trabajador opte por la prestación anterior, las cotizaciones que generaron aquella prestación por la que no hubiera optado no podrán computarse para el reconocimiento de un derecho posterior, de nivel contributivo o asistencial».

El derecho de opción surge, por tanto, cuando un trabajador que estaba cobrando una prestación por desempleo inicia una nueva relación laboral, y tras esta, acumula cotizaciones por un periodo igual o superior a 360 días. En este punto, el trabajador debe decidir si reanuda la prestación anterior o solicita una nueva con las cotizaciones recién generadas. La elección entre una u otra opción implica la pérdida de la no elegida. Esta posibilidad se complementa en la regulación (ya tratada) de la suspensión y extinción de la prestación contributiva por desempleo, no obstante, dada su incidencia y las novedades impulsadas por el Real Decreto-ley 2/2024, de 21 de mayo (con efectos de 23/05/2024), repasamos los **principales extremos.**

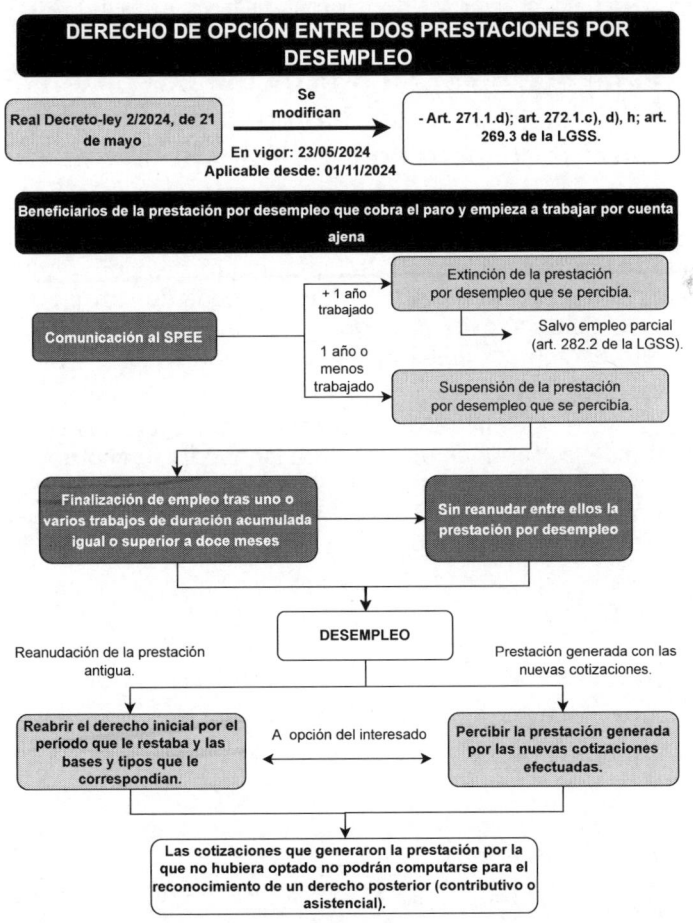

‖ Reanudación de la prestación por desempleo reconocida con ‖ anterioridad y que estaba suspendida

Optar por cobrar el paro antiguo supondrá reanudar la prestación por desempleo anterior, manteniendo el mismo importe hasta agotarla. Las cotizaciones del último trabajo se pierden.

‖ Recibir la prestación por desempleo genera durante el último ‖ contrato cuando implique 360 días (o más) de cotización

Optar por cobrar un nuevo supondrá solicitar una nueva prestación por desempleo con las cotizaciones del último trabajo, perdiendo cualquier derecho a la prestación anterior.

JURISPRUDENCIA

STS, rec. 332/2018, de 13 de mayo de 2020

No existe el derecho de opción entre dos prestaciones por desempleo cuando la prestación inicialmente reconocida tras un despido es revocada debido al reconocimiento de salarios de tramitación seguidos de un nuevo empleo.

Derecho de opción entre prestación por desempleo o prestación por cese de actividad en caso de suspensión de la prestación por desempleo ante trabajo por cuenta propia

Previa solicitud del interesado, siempre que se acredite que ha finalizado la causa de suspensión, que, en su caso, esa causa constituye inscripción como demandante de empleo en el caso de los trabajadores por cuenta propia, si tras el cese en el trabajo por cuenta propia el trabajador tuviera derecho a la protección por cese de actividad, podrá optar entre percibir esta o reabrir el derecho a la protección por desempleo suspendida.

El derecho a la reanudación nacerá a partir del término de la causa de suspensión siempre que se solicite en el plazo de los quince días siguientes, y el reconocimiento de la reanudación requerirá la inscripción como demandante de empleo y la reactivación del acuerdo de actividad (art. 3 de la Ley 3/2023, de 28 de febrero), salvo en aquellos casos en los que la entidad gestora exija la suscripción de un nuevo acuerdo.

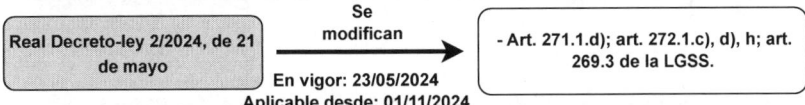

DERECHO DE OPCIÓN ENTRE PRESTACIÓN POR DESEMPLEO O CESE DE ANTIVIDAD EN CASO DE ALTA EN EL RETA O MUTUALIDAD

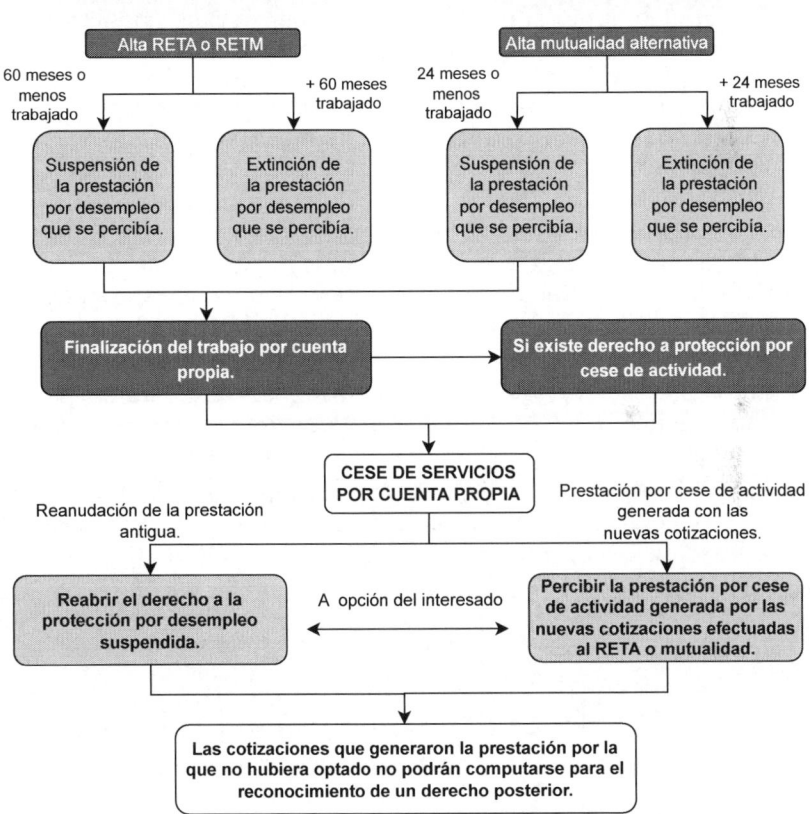

Real Decreto-ley 2/2024, de 21 de mayo

Se modifican

En vigor: 23/05/2024
Aplicable desde: 01/11/2024

- Art. 271.1.d); art. 272.1.c), d), h; art. 269.3 de la LGSS.

Beneficiarios de la prestación por desempleo que cobra el paro y empieza a trabajar por cuenta propia

Alta RETA o RETM

60 meses o menos trabajado

+ 60 meses trabajado

Alta mutualidad alternativa

24 meses o menos trabajado

+ 24 meses trabajado

Suspensión de la prestación por desempleo que se percibía.

Extinción de la prestación por desempleo que se percibía.

Suspensión de la prestación por desempleo que se percibía.

Extinción de la prestación por desempleo que se percibía.

Finalización del trabajo por cuenta propia.

Si existe derecho a protección por cese de actividad.

CESE DE SERVICIOS POR CUENTA PROPIA

Reanudación de la prestación antigua.

Prestación por cese de actividad generada con las nuevas cotizaciones.

Reabrir el derecho a la protección por desempleo suspendida.

A opción del interesado

Percibir la prestación por cese de actividad generada por las nuevas cotizaciones efectuadas al RETA o mutualidad.

Las cotizaciones que generaron la prestación por la que no hubiera optado no podrán computarse para el reconocimiento de un derecho posterior.

9.5. La pérdida de la prestación por desempleo por rechazo de empleo

Obligación de aceptar una oferta de empleo

Las personas demandantes de los servicios de empleo desempleadas deben aceptar ofertas de empleo adecuadas en los términos señalados por el art. 3 del Ley 3/2023, de 28 de febrero, de Empleo.

La entrada en vigor (con efectos de 02/03/2023) de la Ley 3/2023, de 28 de febrero, de Empleo, junto con otros cambios normativos impulsados por la norma, ha supuesto que **quienes soliciten o perciban prestaciones o subsidios de desempleo (o prestaciones por cese de actividad) deberán adquirir la condición de personas demandantes de servicios de empleo, suscribir un acuerdo de actividad y, en base a este acuerdo, comprometerse a aceptar una colocación adecuada.**

Para tener derecho a las prestaciones por desempleo las personas con derecho a esta prestación deberán encontrarse en situación legal de desempleo, acreditar disponibilidad para buscar activamente empleo y para aceptar colocación adecuada a través de la suscripción del acuerdo de actividad al que se refiere el artículo 3 de la Ley 3/2023, de 28 de febrero, de Empleo.

Cuando, aun encontrándose en alguna de las situaciones previstas para el acceso a la prestación, no acrediten su disponibilidad para buscar activamente empleo y para aceptar colocación adecuada, a través del acuerdo de actividad, no se considerarán en situación legal de desempleo.

La solicitud requerirá la inscripción como persona demandante de empleo. Asimismo, en la fecha de solicitud se deberá suscribir el acuerdo de actividad al que se refiere el art. 3 de la Ley 3/2023, de 28 de febrero, de Empleo.

En caso de suspensión de la prestación, tras la reanudación de la misma, se considerará reactivado el acuerdo de actividad, salvo en aquellos casos en los que la entidad gestora exija la suscripción de un nuevo acuerdo.

Infracciones de los trabajadores que no acrediten ser demandantes de empleo

Constituyen infracciones de los trabajadores:

a) Leves (art. 17.1 de la LISOS):

- No comparecer presencialmente, o bien telemáticamente cuando se haya aceptado expresa y voluntariamente este medio, previo requerimiento, ante los servicios públicos de empleo o las agencias de colocación cuando desarrollen actividades en el ámbito de la colaboración con aquellos y así se recoja en el convenio de colaboración.

- No devolver en plazo, salvo causa justificada, a los servicios públicos de empleo o, en su caso, a las agencias de colocación cuando desarrollen actividades en el ámbito de la colaboración con aquéllos y así se recoja en el convenio de colaboración, el correspondiente justificante de haber comparecido en el lugar y fecha indicados para cubrir las ofertas de empleo facilitadas por aquéllos.

- No cumplir las exigencias del acuerdo de actividad, salvo causa debidamente justificada o de fuerza mayor, siempre que la conducta no esté tipificada como otra infracción leve o grave en este artículo.

b) Graves (art. 17.2 de la LISOS):

- Rechazar una colocación adecuada, ya sea ofrecida por los servicios públicos de empleo o por las agencias de colocación cuando desarrollen actividades en el ámbito de la colaboración con aquellos, o negarse a participar, salvo causa justificada, en aquellas actividades para la mejora de la empleabilidad propuestas en el itinerario o plan personalizado.

En el caso de solicitantes o beneficiarios de prestaciones por desempleo de nivel contributivo o asistencial, o de trabajadores por cuenta propia solicitantes o beneficiarios de la prestación por cese de actividad (art. 25.4 de la LISOS):

- Rechazar una oferta de empleo adecuada, ya sea ofrecida por los servicios públicos de empleo o por las agencias de colocación cuando desarrollen actividades en el ámbito de la colaboración con aquéllos, salvo causa justificada.

- Negarse a participar en los trabajos de colaboración social, programas de empleo, incluidos los de inserción profesional, o en acciones de promoción, formación o reconversión profesional, salvo causa justificada, ofrecidos por los servicios públicos de empleo o en las acciones de orientación e información profesional ofrecidas por las agencias de colocación cuando desarrollen actividades en el ámbito de la colaboración con aquéllos.

RESOLUCIÓN RELEVANTE

STSJ de Cantabria n.º 172/2000, de 15 de febrero de 2000, ECLI:ES:TSJCANT:2000:396

El TSJ manifiesta que el rechazo de un empleo no adecuado a la profesión habitual y distinto a la última actividad laboral desempeñada no supone extinción de la prestación de desempleo.

Búsqueda de empleo en una colocación adecuada

|| Acuerdo de actividad

Acuerdo documentado mediante el que se establecen derechos y obligaciones entre la persona demandante de los servicios públicos de empleo y el correspondiente Servicio Público de Empleo para incrementar la empleabilidad de aquella, atendiendo, en su caso, a las necesidades de los colectivos prioritarios (art. 3 de la Ley 3/2023, de 28 de febrero y art. 300 de la LGSS).

|| Colocación adecuada

Se considerará adecuada, la colocación en la profesión demandada por la persona trabajadora, de acuerdo con su formación, características profesionales, experiencia previa o intereses laborales y también aquella que se corresponda con su profesión habitual o cualquier otra que se ajuste a sus aptitudes físicas y formativas (art. 3 de la Ley 3/2023, de 28 de febrero y art. 301 de la LGSS).

En los dos últimos casos, además, la oferta deberá implicar un salario equivalente al establecido en el sector en el que se ofrezca el puesto de trabajo.

La colocación que se ofrezca deberá ser indefinida y con un salario, en ningún caso, inferior al salario mínimo interprofesional.

En el marco del acuerdo de actividad voluntariamente aceptado, también será colocación adecuada, la que sea convenida dentro del itinerario de inserción, incluida la colocación de duración determinada regulada en el art. 15.3 del Estatuto de los Trabajadores, y la colocación a tiempo parcial. Solamente en este marco, será adecuada la colocación que se ofrezca en una localidad que no sea la de residencia de la persona trabajadora.

|| Búsqueda activa de empleo

La búsqueda activa de empleo y participar en acciones de mejora de la ocupabilidad que se determinen por los servicios públicos de empleo competentes dentro de un itinerario de inserción, son obligaciones de los solicitantes y beneficiarios de prestaciones por desempleo.

Las personas beneficiarias de prestaciones acreditarán ante el Servicio Público de Empleo Estatal, el Instituto Social de la Marina y los servicios públicos de empleo autonómicos, cuando sean requeridos para ello, las actuaciones que han efectuado dirigidas a la búsqueda activa de empleo, su reinserción laboral o a la mejora de su ocupabilidad. Esta acreditación se efectuará en la forma en que estos organismos determinen en el marco de la mutua colaboración. La no acreditación tendrá la consideración de incumplimiento del acuerdo de actividad.

9.6. Trabajo para un familiar y derecho a prestación por desempleo

Para determinar el derecho a prestación por desempleo tras finalización de prestación de servicios para un familiar ha de analizarse cada caso en particular. Como norma general, los posibles prestacionistas no son trabajadores por cuenta ajena, y por tanto no podrán solicitar la prestación por desempleo. No obstante, si el prestacionista puede probar que la relación fue realmente laboral (por cuenta ajena) recibiendo un salario real, el tiempo que se lleva trabajando, las funciones realizadas, su independencia económica y la falta de convivencia, la prestación por desempleo correspondería.

Doctrina del «fondo familiar común»

Según el TS, tanto el art. 1.3.e) del Estatuto de los Trabajadores, como el art. 7.2 de Ley General de la Seguridad Social, contienen una presunción *iuris tantum* de no laboralidad de las relaciones de prestación de servicios entre los parientes que enumera. No puede por tanto realizarse una aplicación de dichos preceptos que desnaturalice su esencia de presunción susceptible de prueba en contrario, para transformarla en presunción «iuris et de iure». **Cuando se acredite la condición de asalariado del familiar, ha de ser reconocida la de trabajador por cuenta ajena.** (La contratación de familiares en tu empresa. Paso a paso. Colex. Año 2024).

Mediante la denominada «doctrina del fondo familiar común» (STS, rec. 3493/1993, de 14 de junio de 1994, ECLI:ES:TS:1994:4578, STS, rec. 771/1997, de 25 de noviembre de 1997, ECLI:ES:TS:1997:7104, STS, rec. 4525/1999, de 30 de abril de 2001, ECLI:ES:TS:2001:3499, STS, rec. 3406/2003, de 27 de julio de 2004, ECLI:ES:TS:2004:5564), el alto tribunal ha conformado una **presunción favorable al carácter familiar y no asalariado de la actividad desarrollada por distintos familiares del empresario en su centro de trabajo, cuando conviven con él,** dando importancia a la utilidad patrimonial del trabajo que se incorpora al fondo común familiar y dificulta la ajenidad. Esta presunción legal no se desvirtúa por circunstancias formales como son los documentos de contrato, nómina, o afiliación formal al Régimen General de la seguridad social, sino que para su destrucción **debe demostrar verdaderamente que el trabajador se encuentra en la misma situación de ajenidad y dependencia que el resto de los trabajadores no familiares.**

> **A TENER EN CUENTA.** El Tribunal Constitucional, en **sentencias n.º 79/1991 y n.º 2/1992,** también declaró que es contrario al principio de igualdad excluir del ámbito laboral unas relaciones jurídicas por el sólo hecho de ser parientes de sus titulares.

Cómo probar que ha existido una verdadera relación laboral para tener derecho a paro siendo familiar del empresario

Como muestra el alto índice de reclamaciones en este sentido, el SPEE puede denegar la prestación por desempleo a un trabajador familiar del empresario (padre, madre, familiar hasta 2.º grado de consanguinidad o afinidad) y que conviva con él — aunque este trabajador tuviera contrato laboral y haya estado cotizando a la Seguridad Social—, cuando entienda que ese familiar se encontraba erróneamente encuadrado en el RGSS (ya que a su juicio le correspondería el RETA). Para poder acceder a la prestación, el trabajador ha de **aportar pruebas que demuestren que su situación en la empresa del familiar era la misma que el resto de trabajadores: recibir un salario real, independencia económica respecto del empleador, etc.**

Para determinar si existe relación laboral por cuenta ajena, no existen criterios genéricamente válidos, sino que los hechos probados acerca del grado de parentesco, la participación en el capital social, los cargos societarios, la convivencia en el domicilio, la prueba de una real retribución, salario u horarios, todo ello ha de ser tenido en cuenta y valorado para determinar si existe o no relación laboral dependiente de la que pueda nacer prestación por desempleo. Para ello los Tribunales han limitado:

- **Salario:** la cantidad que se recibía se tiene que considerar un salario y no simplemente una aportación para pagar gastos. (STS, rec. 1433/2007, de 5 de noviembre de 2008 ECLI:ES:TS:2008:6580).

- **Dependencia:** ha de existir un real sometimiento al ámbito organizativo, directivo y disciplinario de terceros. (STSJ de Aragón, rec. 819/2011, de 21 de diciembre de 2011 ECLI:ES:TSJAR:2011:203).

- **Prestación de servicios:** el familiar debe acreditar que ha llevado a cabo una verdadera prestación de servicios debidamente retribuida, acreditando que la prestación fuese por cuenta ajena. (STSJ de Madrid, rec. 5920/2009, de 11 de marzo de 2010, ECLI:ES:TSJM:2010:4605).

- **Ausencia de control efectivo de la sociedad y falta de convivencia y dependencia económica del autónomo titular.** (STSJ de Cataluña, n.º 8844/199, de 7 de diciembre de 1999, ECLI:ES:TSJCAT:1999:12313).

9.7. Excedencia y derecho a prestación por desempleo

Los principales efectos que produce la excedencia voluntaria de un trabajador/a sobre su relación laboral son:

- Exoneración de las obligaciones recíprocas de trabajar y remunerar el trabajo.

- No extinción del vínculo laboral.

- El período en que el trabajador o trabajadora se sitúa en excedencia voluntaria no se computa a efectos de antigüedad (en contraposición a la excedencia forzosa).

- No se reconoce derecho a reserva de puesto de trabajo, sino derecho a reingreso preferente cuando haya vacante de igual categoría a la suya que existan o se produzcan en la empresa.

Respecto a la Seguridad Social, la excedencia voluntaria también causa distintos efectos:

- La empresa debe causar la baja en la Seguridad Social con efectos de la fecha de inicio de la excedencia, no existiendo obligación de cotizar durante dicha situación.
- El trabajador se encuentra en situación asimilada al alta.
- El trabajador excedente puede suscribir convenio especial con la Seguridad Social.

La normativa [art. 267.2 a) de la LGSS] no establece que la excedencia voluntaria se considere una situación legal de desempleo debido a que el trabajador conserva un derecho preferente de reingreso en la empresa. Sin embargo, existen circunstancias bajo las cuales un trabajador en excedencia voluntaria podría acceder a la prestación por desempleo (STSJ de Navarra n.º 42/2006, de 23 de febrero de 2006, ECLI:ES:TSJNA:2006:93 y STS, rec. 316/2002, de 18 de septiembre de 2002, ECLI:ES:TS:2002:5948), y es que, puede producirse la finalización de la relación laboral por causas no imputables a la trabajadora durante la prestación de servicios en una empresa distinta a la que concedió la excedencia. En este caso, si el excedente solicitase la prestación por desempleo, podría tener derecho a la misma si la duración de la excedencia voluntaria no ha finalizado en el momento de la situación legal de desempleo y hasta que se pueda hacer efectiva su reincorporación a la empresa en la que está excedente (arts. 262, 266 y 267 de la LGSS).

> **A TENER EN CUENTA.** Actualmente, pasando por encima del tradicional criterio restrictivo por parte del SPEE, doctrina y jurisprudencia están entendiendo el derecho al cobro de desempleo a pesar de no solicitar la reincorporación a la empresa. (STS, rec. 4645/2017, de 5 de marzo de 2019, ECLI:ES:TS:2019:996; STS, rec. 749/2000, de 24 de marzo de 2001, ECLI:ES:TS:2001:2425; STS, rec. 5582/2003, de 29 de diciembre de 2004, ECLI:ES:TS:2004:8518, y STSJ de Galicia, rec. 1587/2023, de 16 de octubre de 2023, ECLI:ES:TSJGAL:2023:6897 y STSJ de Galicia, rec. 2148/2021, de 30 de septiembre de 2021, ECLI:ES:TSJGAL:2021:5771, entre otras).

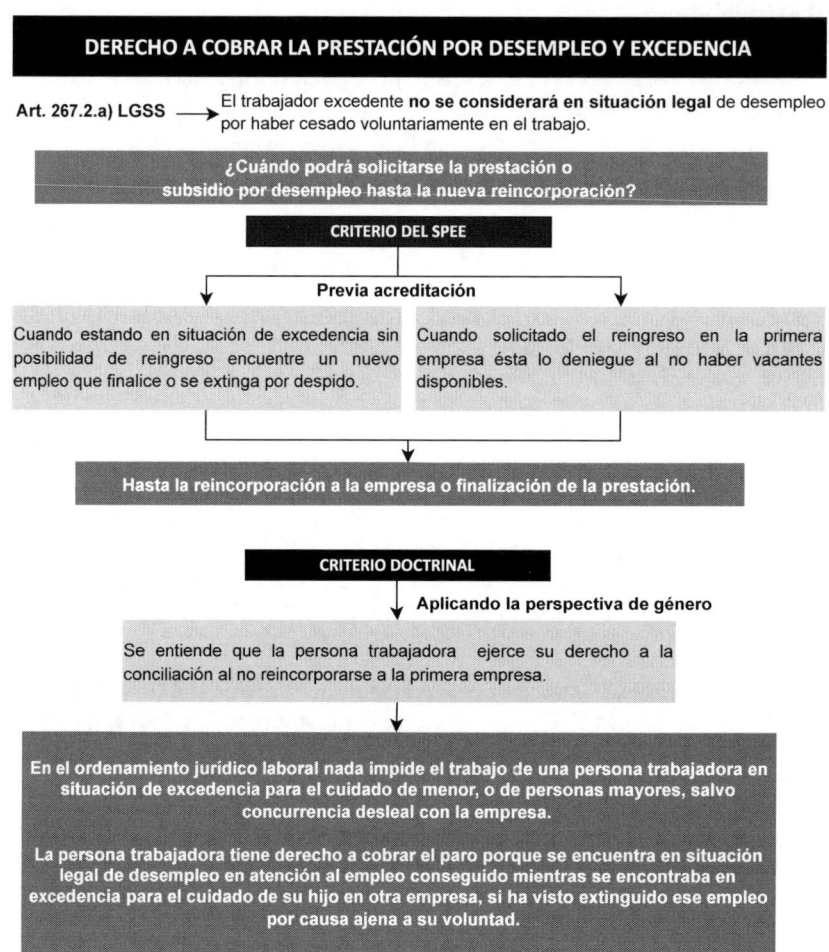

9.8. Contratación temporal abusiva y fraudulenta y desempleo

La empresa es responsable de las prestaciones percibidas por el trabajador y cotizaciones correspondientes a la prestación de desempleo tras contratos temporales fraudulentos.

De acuerdo con el art. 147 de la Ley Reguladora de la Jurisdicción Social, cuando la Entidad Gestora de las prestaciones por desempleo constate que, en los cuatro años inmediatamente anteriores a una solicitud de prestaciones, el trabajador hubiera percibido prestaciones por finalización de varios contratos temporales con una misma empresa, podrá dirigirse de oficio a la autoridad judicial demandando que el empresario sea declarado responsable del abono de las mismas, salvo de la prestación correspondiente al último contrato temporal, si la reiterada contratación temporal fuera abusiva o fraudulenta, así como la condena al empresario a la devolución a la Entidad Gestora de aquellas prestaciones junto con las cotizaciones correspondientes. (STS, rec. 4302/2009, a 18 de octubre de 2010, ECLI:ES:TS:2010:5740, STS, rec. 3494/2009, de 28 de abril de 2010, ECLI:ES:TS:2010:3051,)

9.9. Cese por no superación del periodo de prueba y desempleo

El art. 267.1.a) 7 de la Ley General de la Seguridad Social establece que el trabajador se encontrará en situación legal de desempleo cuando la relación laboral se haya extinguido por resolución de la relación laboral, durante el período de prueba, a instancia del empresario, siempre que haya transcurrido un plazo de tres meses desde la extinción de la relación laboral anterior y ésta se hubiera debido a alguno de siguientes supuestos:

- Expediente de regulación de empleo o de resolución judicial adoptada en el seno de un procedimiento concursal.
- Muerte, jubilación o incapacidad del empresario individual, cuando determinen la extinción del contrato de trabajo.
- Despido.
- Despido basado en causas objetivas.
- Resolución voluntaria por parte del trabajador, en los supuestos de:
  - Movilidad geográfica.
  - Modificación sustancial de condiciones de trabajo de carácter individual.
  - Por decisión de la trabajadora que se vea obligada a abandonar definitivamente su puesto de trabajo como consecuencia de ser víctima de violencia de género.
  - Extinción por voluntad del trabajador.
- Expiración del tiempo convenido o realización de la obra o servicio objeto del contrato, siempre que dichas causas no hayan actuado por denuncia del trabajador.

La acreditación de las condiciones anteriores se realizará por la comunicación escrita del empresario resolviendo el contrato laboral en el periodo de prueba, sin que el ejercicio de la acción contra el despido o la extinción de la relación laboral impidan el nacimiento del derecho a prestaciones. (STSJ Cataluña n.º 2627/2001, de 21 de marzo, ECLI:ES:TSJCAT:2001:3870).

RESOLUCIÓN RELEVANTE

STSJ de Castilla-La Mancha n.° 1230/2011, de 14 de noviembre, ECLI:ES:TSJCLM:2011:2924

El trabajador se encuentra en situación legal de desempleo cuando se extingue la relación laboral durante el periodo de prueba, siempre que haya transcurrido un plazo de tres meses desde la extinción de la relación anterior. Analizando una resolución del contrato por voluntad de la empresa durante el período de prueba, transcurridos tres meses: constituye situación legal de desempleo. La Sala declara que resultando que desde el día 7 de enero al día 8 de abril, han transcurrido tres meses, la Sala estima que en el presente supuesto la extinción de la relación laboral del actor por voluntad unilateral del empresario durante el periodo de prueba, constituye situación legal de desempleo, contemplada como tal en la letra g) del artículo 208.1.1.° de la Ley General de la Seguridad Social.

JURISPRUDENCIA

STS n.° 165/2019, de 5 de marzo, ECLI:ES:TS:2019:996

El núcleo debatido versó sobre la concurrencia o no de la situación legal de desempleo de quien estando en excedencia voluntaria en una empresa, trabaja luego para otra y es cesado en esta última por decisión empresarial, sin que previamente hubiere solicitado el reingreso en la empresa inicial. Con alusión al precedente trascrito, señala que la Sala ha otorgado respuesta de esta forma a la problemática que entiende derivada de:

«(...) la especial situación de quien disfrutando de una excedencia voluntaria, "es despedido o cesa por cualquier otra causa legal en la nueva empresa" antes de finalizar el período de excedencia, "puesto que el trabajador se encuentra en desempleo real por el cese en la segunda entidad, pero también por haber solicitado voluntariamente la excedencia en la empresa anterior; y el problema se concreta en determinar si a pesar de hallarse voluntariamente en excedencia puede aceptarse que se halle en situación legal de desempleo teniendo en cuenta que la LGSS sólo protege de la contingencia de desempleo —art. 203.1 LGSS—a quienes "pudiendo y queriendo trabajar pierdan su empleo", o lo que es igual, a quienes hayan perdido un empleo y carezcan de él por razones ajenas a su voluntad, concluyendo el derecho a la prestación del entonces actor, al no poder serle exigido "para destruir la condición de desempleado involuntario el previo intento de reincorporarse a la empresa cuando carece de todo derecho a ello"».

STS n.° 130/2017, de 15 de febrero, ECLI:ES:TS:2017:700

Para que el subsidio se reanude cuando el contrato de trabajo (que provoca su suspensión) finaliza es preciso que lo haga por motivo constitutivo de situación legal de desempleo. No tiene derecho a reanudar la percepción de subsidio por desempleo quien desiste del periodo de prueba, por motivos privados y el primer día de trabajo.

STS, rec. 2470/1994, de 21 de marzo de 1995, ECLI:ES:TS:1995:1679; STS, rec. 1063/1995, de 27 enero de 1996, ECLI:ES:TS:1196:435; STS, rec. 2805/1995, de 28 de mayo de 1996, ECLI:ES:TS:1996:3259

El supuesto de solicitud de reanudación de la prestación por desempleo no es el mismo que el de concesión inicial del beneficio, sino otro separado e independiente del primero que viene determinado por el hecho de que varía la situación del recurrente beneficiario.

Cuando la ley prescribe que la suspensión no afecta al período de percepción se está refiriendo a la suspensión misma; que se reanuda la percepción mientras las circunstancias de su concesión sean las mismas, pero que si varían falta el fundamento para mantener el subsidio.

STS, rec. 1926/1995, de 29 de abril de 1996, ECLI:ES:TS:1996:2587

En relación a la reanudación del subsidio de desempleo tras haber desarrollado trabajos de escasa duración. Es cierto que el art. 13.1 del Reglamento de la Ley de Protección de Desempleo, aprobado por el Real Decreto 625/1985, de 2 abril, regula específicamente la reanudación del abono de la prestación o del subsidio en los casos de suspensión por trabajo inferior a doce meses, por servicio militar o por cumplimiento de condena de privación de libertad, y en tal precepto sólo se habla de la necesidad de acreditar «que ha finalizado la causa de suspensión». Pero este silencio en relación con una nueva comprobación del cumplimiento de los requisitos precisos para obtener la prestación, no significa, en absoluto, que la misma no pueda llevarse a cabo; este artículo presupone la aplicación de los antedichos arts. 21 y 22 de la Ley, y si sólo alude a la acreditación de la terminación de la causa de la suspensión, es porque se trata del elemento o dato específico de la situación examinada, pero sin que ello excluya ni impida el ejercicio de las facultades antedichas que corresponden a la entidad gestora.

10.
OBLIGACIONES, INFRACCIONES Y SANCIONES EN MATERIA DE DESEMPLEO

El régimen de obligaciones, infracciones y sanciones en materia de desempleo se regulan en los arts. 289 y 299 de la LGSS y arts. 24-26 de la LISOS.

Existen una serie de obligaciones y responsabilidades de las empresas y trabajadores en relación con la contingencia de desempleo, destacando el papel del Servicio Público de Empleo Estatal (SPEE) en la gestión de las prestaciones por desempleo. Las empresas tienen deberes específicos como cotizar por desempleo y proporcionar documentación necesaria. Por otro lado, los trabajadores deben cumplir con requisitos como haber cotizado un mínimo de cotización, encontrarse en situación legal de desempleo y buscar activamente empleo.

Obligaciones de la entidad gestora de las prestaciones por desempleo

El **Servicio Público de Empleo Estatal (SPEE)** es el organismo autónomo dependiente del Ministerio de Trabajo y Economía Social, encargado de la gestión y control de estas prestaciones por desempleo, salvo para los trabajadores incluidos en el Régimen Especial de la Seguridad Social de los Trabajadores del Mar, cuya gestión y control están encargados al **Instituto Social de la Marina (ISM)**.

Corresponde al SPEE gestionar las funciones y servicios derivados de las prestaciones de protección por desempleo y declarar el reconocimiento, suspensión, extinción y reanudación de las prestaciones, sin perjuicio de las atribuciones reconocidas a los órganos competentes de la Administración laboral en materia de sanciones.

La entidad gestora competente pagará las prestaciones por desempleo en los supuestos de incumplimiento de las obligaciones de afiliación, alta y de cotización, sin perjuicio de las acciones que pueda adoptar contra la empresa infractora y la responsabilidad que corresponda a esta por las prestaciones abonadas (art. 281 de la LGSS).

Obligaciones de los empresarios asociadas al desempleo

‖ ¿Qué obligaciones tienen los empresarios respecto a la prestación por desempleo?

El art. 298 de la LGSS, establece como obligaciones de los **empresarios**:

1. Cotizar por la aportación empresarial a la contingencia de desempleo.

2. Ingresar las aportaciones propias y las de sus trabajadores en su totalidad, siendo responsables del cumplimiento de la obligación de cotización.

3. Proporcionar la documentación e información que reglamentariamente se determinen a efectos del reconocimiento, suspensión, extinción o reanudación del derecho a las prestaciones. Los empresarios y, en su caso, las Administraciones Públicas estarán obligados a facilitar a los trabajadores, en el plazo de diez días, a contar desde el siguiente a su situación legal de desempleo, el certificado de empresa conforme al modelo que se acompaña como anexo y, en su caso, las comunicaciones escritas y certificaciones a que se refiere el art. 1.º del Real Decreto 625/1985, de 2 de abril.

4. Entregar al trabajador el certificado de empresa, en el tiempo y forma que reglamentariamente se determinen.

5. Abonar a la entidad gestora competente las prestaciones satisfechas por ésta a los trabajadores cuando la empresa hubiese sido declarada responsable de la prestación por haber incumplido sus obligaciones en materia de afiliación, alta o cotización.

6. Proceder, en su caso, al pago delegado de las prestaciones por desempleo.

7. Comunicar la readmisión del trabajador despedido en el plazo de cinco días desde que se produzca e ingresar en la Entidad Gestora competente las prestaciones satisfechas por ésta a los trabajadores en los supuestos regulados en el art. 268.5 de la LGSS.

8. Comunicar, con carácter previo a que se produzcan, las variaciones realizadas en el calendario, o en el horario inicialmente previsto para cada uno de los trabajadores afectados, en los supuestos de aplicación de medidas de suspensión de contratos o de reducción de jornada previstas en el art. 47 del Estatuto de los Trabajadores.

‖ Infracotización y prestación por desempleo

En este punto es necesario destacar que el incumplimiento de las obligaciones en materia de cotización por parte de la empresa determinará la exigencia de responsabilidad, en cuanto al pago de las prestaciones (arts. 167 y 281 de la LGSS).

‖ Pago delegado de la prestación por desempleo

Las empresas colaborarán con la entidad gestora asumiendo el pago delegado de la prestación por desempleo en los supuestos y en las condiciones que reglamentariamente se determinen. En estos casos, las empresas reintegrarán las prestaciones que correspondan al SPEE descontándolas del importe de las liquidaciones que han de efectuar para el ingreso de las cuotas de Seguridad Social correspondiente al mismo período (art. 26 del Real Decreto 625/1985, de 2 de abril).

RESOLUCIÓN RELEVANTE

STSJ de Galicia, rec. 7/2020 de 31 de julio de 2020, ECLI:ES:TSJGAL:2020:4506

Declara la responsabilidad del empresario en el pago de parte de la prestación de desempleo ante la infracotización apreciada en un periodo de un año.

La sala considera que concurren los elementos que permiten atribuir responsabilidad a la empleadora por falta de cotización por la clara voluntad de incumplir, pues ha incumplido durante toda la relación laboral, ya que—-pese a ser su verdadera empleadora— mantuvo al actor en el RETA, como si de un empresario se tratase, negándole durante seis años su condición de empleado; el actor lucró una prestación de jubilación; y la falta de cotización ha tenido una influencia directa en la base reguladora, que —de haberse efectuado— se eleva de los 723,34 € a los 926,59 €, modificando el porcentaje aplicable del 84 al 86 %, suponiendo una diferencia neta mensual de 189,26 €. Ello implica —concluye— una responsabilidad proporcional de la empleadora al abono de la pensión.

JURISPRUDENCIA

STS, rec. 3614/2011, de 26 noviembre de 2012, ECLI:ES:TS:2012:9177

Declara que en los casos de infracotización empresarial, que tiene repercusión en el importe de la prestación, hay responsabilidad empresarial por la diferencia entre la pensión que le reconoce la Entidad Gestora y la que le hubiera correspondido de haber cotizado correctamente.

Obligaciones por parte de las personas desempleadas

Por su parte, el art. 299 de la LGSS, establece como obligaciones de los **trabajadores y de los solicitantes y beneficiarios de prestaciones por desempleo:**

- Haber cotizado a la contingencia de desempleo durante un periodo mínimo de trescientos sesenta días dentro de los seis años anteriores a la situación legal de desempleo o al momento en que cesó la obligación de cotizar.

- Proporcionar la documentación e información que reglamentariamente se determinen a efectos del reconocimiento, suspensión, extinción o reanudación del derecho a las prestaciones.

- Proporcionar a los servicios públicos de empleo autonómicos y a la entidad gestora los datos que precisen para la comunicación física o por medios electrónicos.

- Inscribirse como persona demandante de empleo, mantener la inscripción, suscribir y cumplir las exigencias del acuerdo de actividad (art. 3 de la Ley 3/2023, de 28 de febrero).

- Comparecer, cuando haya sido previamente requerido, ante la entidad gestora, los servicios públicos de empleo o las agencias de colocación cuando desarrollen actividades en el ámbito de colaboración con aquellos.

- Buscar activamente empleo y participar en acciones de mejora de la ocupabilidad que se determinen.

- Participar en los programas de empleo, o en acciones de promoción, formación o reconversión profesionales, que determinen los servicios públicos de empleo, o las agencias de colocación cuando desarrollen actividades en el ámbito de colaboración con aquellos y aceptar la colocación adecuada que le sea ofrecida por los servicios públicos de empleo o por dichas agencias

- Justificar, en el plazo de cinco días, haber comparecido en el lugar y fecha indicados para cubrir las ofertas de empleo facilitadas por las entidades gestoras.

- Solicitar la baja en las prestaciones por desempleo cuando se produzcan situaciones de incompatibilidad, suspensión o extinción del derecho o se dejen de reunir los requisitos exigidos para su percepción.

- Comunicar las situaciones de interrupción de la actividad fija discontinua suspensión o extinción de la relación laboral que originó el complemento de apoyo al empleo.

- Reintegrar las prestaciones indebidamente percibidas.

- Presentar anualmente la declaración correspondiente al Impuesto sobre la Renta de las Personas Físicas.

A TENER EN CUENTA. La entrada en vigor (con efectos de 02/03/2023) de la Ley 3/2023, de 28 de febrero, de Empleo, junto con otros cambios normativos impulsados por la norma, ha supuesto que **quienes soliciten o perciban prestaciones o subsidios de desempleo (o prestaciones por cese de actividad) deberán adquirir la condición de personas demandantes de servicios de empleo, suscribir un acuerdo de actividad y, en base a este acuerdo, comprometerse a aceptar una colocación adecuada.** El rechazo de empleo adecuado puede suponer una causa de suspensión o extinción de la prestación por desempleo.

CUESTIÓN

¿Qué se entiende por acuerdo de actividad?

Las personas que cumplan los requisitos establecidos en el art. 266 de la LGSS deberán solicitar a la entidad gestora competente el reconocimiento del derecho a las prestaciones que nacerá a partir de que se produzca la situación legal de desempleo, siempre que se solicite dentro del plazo de los quince días siguientes. La solicitud requerirá: «(…) la inscripción como persona demandante de empleo. Asimismo, en la fecha de solicitud se deberá suscribir el acuerdo de actividad al que se refiere el artículo 3 de la Ley 3/2023, de 28 de febrero, de Empleo».

El acuerdo documentado mediante el que se establecen derechos y obligaciones entre la persona demandante de los servicios públicos de empleo y el correspondiente Servicio Público de Empleo para incrementar la empleabilidad de aquella, atendiendo, en su caso, a las necesidades de los colectivos prioritarios.

JURISPRUDENCIA

STS, rec. 2785/2014 de 13 de mayo de 2015, ECLI:ES:TS:2015:3089

La aplicación de los tipos sancionadores en caso de percepción de subsidio por desempleo e inicio de trabajo incompatible sin comunicación al SPEE, debe respetar los criterios de legalidad, tipicidad, evitación de la analogía.

STS n.º 660/2018, de 21 de junio de 2018, ECLI:ES:TS:2018:2893

Falta de renovación de la demanda de empleo en la fecha prevista en el documento expedido por el SPEE. Reiterando doctrina, la sala de lo social entiende que no procede la sanción de pérdida definitiva de la prestación realizando una equiparación al cuadro sancionador de otras infracciones del beneficiario en materia de desempleo.

STS n.º 1068/2018, de 14 de diciembre de 2018, ECLI:ES:TS:2018:4471

La falta de cumplimiento del requerimiento efectuado por el SPEE es causa de baja temporal —un mes—.

STS, rec. 3344/2005, de 7 diciembre 2006, ECLI:ES:TS:2006:8570

Se analiza si debe entenderse o no correctamente realizada la comunicación de haber obtenido nueva colocación, producida cerca de dos meses después de obtener el nuevo empleo. En ella se explica que la comunicación del trabajo incompatible debe realizarse en el momento en que se produzcan situaciones determinantes de suspensión o extinción del derecho, lo que significa «de inmediato y en todo caso antes de que transcurra el tiempo -normalmente el final de mes- que determina la percepción de una nueva mensualidad indebida, pues esta percepción indebida por la falta de comunicación constituye el núcleo de la conducta que el referido precepto tipifica como falta grave». En el supuesto estaba claro que se había producido la superposición de prestaciones públicas de desempleo y rentas salariales derivadas de un trabajo incompatible. La doble afirmación que se realiza (hay que comunicar de inmediato, pero se llega a tiempo si se evita el pago) posee sentido en ese contexto. No debe entenderse que se haya querido amparar la infracción del deber de comunicar anticipadamente la causa de suspensión.

Infracciones de los beneficiarios y solicitantes de prestaciones

En materia de infracciones se estará a lo dispuesto en los arts. 24-26 (infracciones de los trabajadores o asimilados, beneficiarios y solicitantes de prestaciones) y 20-32 (infracciones en materia de seguridad social) de la LISOS, sancionadas siguiendo el régimen específico establecido para los solicitantes y beneficiarios de pensiones o prestaciones de Seguridad Social o según el incumplimiento por parte de la empresa.

Podemos clasificar las infracciones en leves, graves y muy graves.

|| Infracciones leves

Son infracciones leves (art. 24 de la LISOS):

- No facilitar a la entidad correspondiente o a la empresa, cuando le sean requeridos, los datos necesarios para su afiliación o su alta en la Seguridad Social y, en su caso, las alteraciones que en ellos se produjeran, los de la situación de pluriempleo, y, en general, el incumplimiento de los deberes de carácter informativo.

- No comparecer, previo requerimiento, ante la entidad gestora de las prestaciones en la forma y fecha que se determinen, salvo causa justificada.

- En el caso de los solicitantes o beneficiarios de prestaciones por desempleo de nivel contributivo o asistencial, o de trabajadores por cuenta propia solicitantes o beneficiarios de la prestación por cese de actividad:

  – No comparecer, previo requerimiento, ante los servicios públicos de empleo o las agencias de colocación cuando desarrollen actividades en el ámbito de la colaboración con aquellos, salvo causa justificada.

  – No devolver en plazo, salvo causa justificada, al servicio público de empleo o, en su caso, a las agencias de colocación sin fines lucrativos el correspondiente justificante de haber comparecido en el lugar y fecha indicados para cubrir las ofertas de empleo facilitadas por aquéllos.

  – No cumplir las exigencias del acuerdo de actividad en los términos establecidos en el art. 3 de la Ley 3/2023, de 28 de febrero, de Empleo, salvo causa justificada, siempre que la conducta no esté tipificada como otra infracción leve o grave en los artículos 24 o 25 de la LISOS.

  – No facilitar a los servicios públicos de empleo, la información necesaria para garantizar la recepción de sus notificaciones y comunicaciones. Las citaciones o comunicaciones efectuadas por medios electrónicos se entenderán válidas a efectos de notificaciones siempre que los trabajadores hayan expresado previamente su consentimiento.

- En el caso de solicitantes o beneficiarios de prestaciones por desempleo de nivel contributivo o asistencial, no facilitar a la entidad gestora de dichas prestaciones la información necesaria para garantizar la recepción de sus notificaciones y comunicaciones.

  Las citaciones o comunicaciones efectuadas por medios electrónicos se entenderán válidas a efectos de notificaciones siempre que los trabajadores hayan expresado previamente su consentimiento o estén obligados a recibirlas por una norma con rango de Ley.

CUESTIÓN

¿Cómo se sancionan las infracciones leves tipificadas en los apdos. 2, 3 y 4 del art. 24 de la LISOS? ¿Cómo se sanciona la infracción leve tipificada en el art. 24.3 de la LISOS?

Las sanciones leves se sancionarán con pérdida de la pensión o prestación durante un mes. En el caso de las prestaciones por desempleo de nivel contributivo o asistencial, las infracciones leves tipificadas en los apartados 2, 3 y 4 del artículo 24 se sancionarán conforme a la siguiente escala [art. 47.1.a) de la LISOS]:

1.ª Infracción. Pérdida de un mes de prestaciones.

2.ª Infracción. Pérdida de tres meses de prestaciones.

3.ª Infracción. Pérdida de seis meses de prestaciones.

4.ª Infracción. Extinción de prestaciones.

En el caso de la prestación por cese de actividad de los trabajadores autónomos, la infracción leve del art. 24.3 de la LISOS se sancionará conforme a la siguiente escala [art. 47.1.a) de la LISOS]:

1.ª Infracción. Pérdida de 15 días de prestación.

2.ª Infracción. Pérdida de 1 mes y 15 días de prestación.

3.ª Infracción. Pérdida de 3 meses de prestación.

4.ª Infracción. Extinción de la prestación.

Se aplicarán estas escalas a partir de la primera infracción y cuando entre la comisión de una infracción leve y la anterior no hayan transcurrido más de los 365 días (art. 41.1 de la LISOS), con independencia del tipo de infracción.

|| Infracciones graves

Son infracciones graves (art. 25 de la LISOS):

- Efectuar trabajos por cuenta propia o ajena durante la percepción de prestaciones, cuando exista incompatibilidad legal o reglamentariamente establecida, sin perjuicio de la posible compatibilización del percibo de prestaciones o subsidio por desempleo con el trabajo por cuenta propia o ajena, salvo en el caso del trabajo a tiempo parcial en los términos previstos en la normativa correspondiente (en el supuesto de subsidio por desempleo de los trabajadores eventuales agrarios, se entenderá que el trabajador ha compatibilizado el percibo de la prestación con el trabajo por cuenta ajena o propia cuando los días trabajados no hayan sido declarados en la forma prevista en su normativa específica de aplicación).

- No comparecer, salvo causa justificada, a los reconocimientos médicos ordenados por las entidades gestoras o colaboradoras, en los supuestos así establecidos, así como no presentar ante las mismas los antecedentes, justificantes o datos que no obren en la entidad, cuando a ello sean requeridos y afecten al derecho a la continuidad en la percepción de la prestación.

- No comunicar, salvo causa justificada, las bajas en las prestaciones en el momento en que se produzcan situaciones determinantes de incompatibilidad, suspensión o extinción del derecho, excepto la de no figurar inscritos como demandantes de empleo en el servicio público de empleo competente, o cuando se dejen de reunir los requisitos para el derecho a su percepción siempre que por cualquiera de dichas causas se haya percibido indebidamente la prestación.

- En el caso de solicitantes o beneficiarios de prestaciones por desempleo de nivel contributivo o asistencial, o de trabajadores por cuenta propia solicitantes o beneficiarios de la prestación por cese de actividad:

  - Rechazar una oferta de empleo adecuada, ya sea ofrecida por los servicios públicos de empleo o por las agencias de colocación cuando desarrollen actividades en el ámbito de la colaboración con aquéllos, salvo causa justificada.

  - Negarse a participar en acciones, programas o actividades señalados en el itinerario o plan personalizado para la mejora de la empleabilidad y el acceso al mercado de trabajo, salvo causa justificada, ofrecidos por los servicios públicos de empleo o entidades colaboradoras. [A los efectos previstos en la LISOS, se entenderá por colocación adecuada la que reúna los requisitos establecidos en el art. 3.g) de la Ley 3/2023, de 28 de febrero].

CUESTIÓN

En el caso de la prestación por cese de actividad de los trabajadores autónomos, la infracción grave tipificada en el art. 25.4.b) de la LISOS, ¿cómo se sancionará?

En el caso de la prestación por cese de actividad de los trabajadores autónomos, la infracción grave tipificada en el artículo 25.4.b) se sancionará conforme a la siguiente escala [art. 47.1.b) de la LISOS]:

1. Infracción: pérdida de 1 mes y 15 días de prestación.

2. Infracción: pérdida de 3 meses de prestación.

3. Infracción: extinción de la prestación.

Infracciones muy graves

Son infracciones muy graves (art. 26 de la LISOS):

- Actuar fraudulentamente con el fin de obtener prestaciones indebidas o superiores a las que correspondan, o prolongar indebidamente su disfrute mediante la aportación de datos o documentos falsos; la simulación de la relación laboral; y la omisión de declaraciones legalmente obligatorias u otros incumplimientos que puedan ocasionar percepciones fraudulentas.

- Compatibilizar la solicitud o el percibo de prestaciones o subsidio por desempleo, así como la prestación por cese de actividad de los trabajadores autónomos, con el trabajo por cuenta propia o con el trabajo por cuenta ajena, salvo en los casos expresamente previstos en la normativa correspondiente.

- La connivencia con el empresario para la obtención indebida de cualesquiera prestaciones de la Seguridad Social.

- La no aplicación o la desviación en la aplicación de las prestaciones por desempleo, que se perciban según lo que establezcan programas de fomento de empleo.

JURISPRUDENCIA

STS, rec. 1905/2000, de 20 de marzo de 2001, ECLI:ES:TS:2001:2237

La entidad gestora no puede reclamar de oficio el exceso indebidamente percibido como consecuencia de haberse disfrutado pensiones por encima de los topes permitidos, «si no que debe acudir al órgano judicial correspondiente».

Cuantía y graduación de las sanciones

En el caso de los solicitantes y beneficiarios de pensiones o prestaciones de Seguridad Social, incluidas las de desempleo y la prestación por cese de actividad de los trabajadores autónomos, las infracciones se sancionarán atendiendo a lo previsto en la LISOS.

|| Infracciones leves

Las leves se sancionarán con pérdida de pensión durante un mes. En el caso de las prestaciones por desempleo de nivel contributivo o asistencial, las infracciones leves tipificadas se sancionarán conforme a la siguiente escala (apdos. 2 y 3 del art. 24 y art. 47 de la LISOS):

- 1.ª infracción. Pérdida de 1 mes de prestaciones.
- 2.ª infracción. Pérdida de 3 meses de prestaciones.
- 3.ª infracción. Pérdida de 6 meses de prestaciones.
- 4.ª infracción. Extinción de prestaciones.

En el caso de la prestación por cese de actividad de los trabajadores autónomos, la infracción leve (art. 24.3 y 47 de la LISOS) se sancionará conforme a la siguiente escala:

- 1.ª infracción. Pérdida de 15 días de prestación.
- 2.ª infracción. Pérdida de 1 mes y 15 días de prestación.
- 3.ª infracción. Pérdida de 3 meses de prestación.
- 4.ª infracción. Extinción de la prestación.

Se aplicarán estas escalas a partir de la primera infracción y cuando entre la comisión de una infracción leve y la anterior no hayan transcurrido más de los 365 días (art. 41.1 y 47 de la LISOS), con independencia del tipo de infracción.

|| Infracciones graves

Las graves (tipificadas en el art. 25 de la LISOS) se sancionarán con pérdida de la prestación o pensión durante un período de tres meses —salvo las de su 25.2 en las prestaciones por incapacidad temporal en las que la sanción será de extinción de la prestación—.

En el caso de las prestaciones por desempleo de nivel contributivo o asistencial las infracciones graves tipificadas en el art. 25.3 y 4 de la LISOS se sancionarán conforme a la siguiente escala:

- 1.ª Infracción. Pérdida de 3 meses de prestaciones.

- 2.ª Infracción. Pérdida de 6 meses de prestaciones.
- 3.ª Infracción. Extinción de prestaciones.

En el caso de la prestación por cese de actividad de los trabajadores autónomos, la infracción grave tipificada en el art. 25.4 b) de la LISOS se sancionará conforme a la siguiente escala:

- 1.ª Infracción. Pérdida de 1 mes y 15 días de prestación.
- 2.ª Infracción. Pérdida de 3 meses de prestación.
- 3.ª Infracción. Extinción de la prestación.

Se aplicarán estas escalas a partir de la primera infracción y cuando entre la comisión de una infracción grave y la anterior no hayan transcurrido más de los 365 días que establece el artículo 41.1 de la LISOS, con independencia del tipo de infracción.

|| Infracciones muy graves

Las muy graves se sancionarán con pérdida de la pensión durante un período de seis meses o con extinción de la prestación o subsidio por desempleo, o de la prestación por cese de actividad del trabajador autónomo.

Igualmente, se les podrá excluir del derecho a percibir cualquier prestación económica y, en su caso, ayuda de fomento de empleo durante un año, así como del derecho a participar durante ese período en acciones formativas en materia de formación profesional ocupacional y continua.

No obstante, las sanciones anteriores, en el supuesto de que la trasgresión de las obligaciones afecte al cumplimiento y conservación de los requisitos que dan derecho a la prestación, podrá la entidad gestora suspender cautelarmente la misma hasta que la resolución administrativa sea definitiva.

> **A TENER EN CUENTA.** Tendrán la consideración de beneficiarios de prestaciones por desempleo los trabajadores desempleados durante el plazo de quince días hábiles de solicitud de las prórrogas del subsidio por desempleo (art. 276.2 de la LGSS), así como durante la suspensión cautelar o definitiva de la prestación o subsidio por desempleo como consecuencia de un procedimiento sancionador o de lo establecido en el art. 271.1.h) de la LGSS.

El art. 39 de la LISOS en relación con los **criterios de graduación** de las sanciones establece:

«1. Las sanciones por las infracciones tipificadas en los artículos anteriores podrán imponerse en los grados de mínimo, medio y máximo, atendiendo a los criterios establecidos en los apartados siguientes».

«2. Calificadas las infracciones, en la forma dispuesta por esta ley, las sanciones se graduarán en atención a la negligencia e intencionalidad del sujeto infractor, fraude o connivencia, incumplimiento de las advertencias previas y requerimientos de la Inspección, cifra de negocios de la empresa, número de trabajadores o de beneficiarios afectados en su caso, perjuicio causado y cantidad defraudada, como circunstancias que puedan agravar o atenuar la graduación a aplicar a la infracción cometida».

11.
PRINCIPALES RECLAMACIONES SOBRE DESEMPLEO: ¿CÓMO RECLAMO FRENTE A LA DENEGACIÓN DE LA PRESTACIÓN? ¿Y SI ME SOLICITAN EL REINTEGRO DE LO PERCIBIDO?

Con carácter general, los afectados por cualquier resolución del Servicio Público de Empleo Estatal (SPEE) deben presentar una reclamación administrativa y, si es necesario, llevar el caso a los Juzgados de lo Social.

El proceso de reclamación judicial de la prestación por desempleo se define como un **proceso especial dentro del ámbito de la Seguridad Social**, regulado por los artículos 140 a 147 de la Ley reguladora de la jurisdicción social (LRJS). Este proceso no se limita a una única modalidad procesal, sino que abarca diversas cuestiones relacionadas con la materia de Seguridad Social, aplicándose de manera supletoria las disposiciones del proceso ordinario (arts. 76 a 101 de la LRJS) para aquellos aspectos no expresamente previstos. (Procesos especiales en el orden social. Paso a paso. Colex. Año 2023).

En este proceso especial encantamos especificaciones propias dentro del art. 147 de la LRJS para la impugnación de prestaciones por desempleo.

Como veremos, corresponde al SPEE declarar y exigir la devolución de las prestaciones indebidamente percibidas por los trabajadores y el reintegro de las prestaciones de cuyo pago sea directamente responsable el empresario (art. 295 de la LGSS).

A TENER EN CUENTA. El SPEE, en su condición de entidad gestora de las prestaciones de desempleo en sus niveles contributivo y asistencial, incluidas en el ámbito de la acción protectora del Sistema de la Seguridad Social tal y como preceptúa el art. 42.1.c) de la LGSS, es titular del beneficio de asistencia jurídica gratuita de conformidad con lo dispuesto en el art. 2 b) de la Ley 1/1996, de 10

---

de enero, reguladora de la Asistencia Jurídica Gratuita, que se lo concede a «las Entidades Gestoras y Servicios Comunes de la Seguridad Social en todo caso». (STS n.º 14/2024, de 21 de febrero de 2024, ECLI:ES:TS:2024:1242).

11.1. Reclamación al SPEE por denegación de prestación

Como hemos tratado a lo largo de la obra, para el reconocimiento de la prestación por desempleo el solicitante deberá presentar la solicitud ante la oficina del Servicio Público de Empleo Estatal (art. 294 de la LGSS) correspondiente, siguiendo el art. 262 y ss. de la LGSS. El SPEE es el encargado de resolver el expediente, concediendo o denegando la prestación basándose en el cumplimiento de los requisitos establecidos.

La resolución de aprobación de las prestaciones por desempleo emitida por el SPEE verificará el cumplimiento de los requisitos y los detalles de la prestación.

En caso de denegación, el SPEE comunica al solicitante los motivos de la decisión, basándose en los hechos y fundamentos de derecho que la justifican. Tanto en las resoluciones de aprobación como en las de denegación, se informa al solicitante sobre su derecho a interponer una **reclamación previa a la vía jurisdiccional social dentro de los 30 días hábiles siguientes a la recepción de la notificación** (art. 71.2 de la LRJS).

Formulada reclamación previa, **la Entidad Gestora deberá contestar expresamente a la misma en el plazo de 45 días.** En caso contrario se entenderá denegada la reclamación por **silencio administrativo.**

En caso de que la resolución a la reclamación previa no resulte favorable a los intereses del prestacionista, podrá interponer demanda ante la jurisdicción social en el plazo de 30 días, a contar desde la fecha en que se notifique la denegación de la reclamación previa o desde el día en que se entienda denegada por silencio administrativo.

11.2. Reclamación al SPEE por error en el cálculo de la base reguladora de la prestación por desempleo

Reclamar al SPEE por errores en el cálculo de la base reguladora de la prestación por desempleo es un derecho de los trabajadores. A pesar de que aparentemente se trata de cálculos sencillos, son habituales las reclamaciones previas por casos de falta de cómputo de cotizaciones, ausencia de complemento por hijo a cargo, etc.

Como en todos los supuestos que analizaremos, será requisito necesario para formular demanda en materia de prestaciones de Seguridad Social, que los interesados interpongan reclamación previa ante la entidad gestora de las mismas.

Formulada la reclamación previa, la entidad deberá contestar expresamente a la misma en el plazo de cuarenta y cinco días. En caso contrario, se entenderá denegada la reclamación por silencio administrativo.

La demanda habrá de formularse en el plazo de treinta días, a contar desde la fecha en que se notifique la denegación de la reclamación previa o desde el día en que se entienda denegada por silencio administrativo (art. 71 de la LRJS). La demanda debe solicitar que la base reguladora de la prestación de desempleo reconocida sea fijada en la suma que se considera correcta, en lugar de la señalada por la entidad demanda, denunciando infracción del art. 270.1 de la LGSS en relación con los arts. 269 y 147 del mismo texto legal.

JURISPRUDENCIA

STS n.º 43/2018, de 24 de enero de 2018, ECLI:ES:TS:2018:552

«(...) de los artículos 211-1, párrafo primero, y 210-1 del Texto Refundido de la Ley General de la Seguridad Social vigente al tiempo del hecho causante. En el primero de los preceptos citados se dice: «la base reguladora de la prestación por desempleo será el promedio de la base por la que se haya cotizado por dicha contingencia durante los últimos 180 días del período a que se refiere el apartado 1 del artículo anterior». Esta disposición hay que ponerla en relación con el citado art. 210-1 donde se establece la duración de la prestación en función del número de días cotizados, lo que supone que la prestación y su cuantía se fijan en función del número de días cotizados y de las bases por las que se cotizó 'durante los últimos 180 días' del periodo de cotización. Ello sentado, supuesto que el legislador habla de plazos señalados por días, no cabe otra interpretación que la de que se refiere a días naturales, pues literalmente así lo expresa al decir que se computa 'el promedio' de la base por la que se haya cotizado 'los últimos 180 días', terminología que no permite excluir el cómputo de los días inhábiles porque lo que se computa es el 'promedio' de lo cotizado en los 'últimos 180 días' expresión con la que se determina el día inicial del cómputo de ese periodo de tiempo, sin que el brocardo 'in claris non fit interpretatio' permita otra solución, como el cómputo de las cotizaciones mensuales. Así lo ha entendido ya esta Sala en su sentencia de 27 de diciembre de 2016 (R. 3132/2015) en la que con ocasión de contratos de trabajo a tiempo parcial dijo que las bases de la prestación por desempleo se fijaban en función del promedio de lo cotizado en los últimos 180 días».

11.3. Reclamación del SPEE asociada a la prestación de desempleo de pago único

Una cuestión de controversia habitual es la de determinar si procede, en aplicación de los arts. 1 y 2 del Real Decreto 1044/1985, de 19 de junio (u otras normas concordantes), la percepción de una prestación de desempleo en la modalidad de pago único. El procedimiento de reclamación será el mismo, no obstante, en este caso es conveniente hacer referencia a algunos aspectos de interés.

Continuidad de la misma actividad

Cuando la persona beneficiaria, tras haber sido objeto de un despido con posterioridad, realice, ahora por cuenta propia, la misma actividad que antes efectuaba por cuenta ajena suele ser interpretado de forma restrictiva por el SPEE a la hora de acceder a la modalidad de pago único.

Desde la perspectiva finalista del estímulo al autoempleo, la denegación no está justificada cuando la persona beneficiaria haya sido despedida, se encuentre realmente en situación legal de desempleo, tenga reconocida la prestación en pago periódico y trate de continuar, como trabajadora autónoma, la misma actividad (incluso en el mismo local) de la empresa que la despidió. (STS, n.º 302/2017, de 5 de abril de 2017, ECLI:ES:TS:2017:1620, y STS, rec. 3805/2014, de 21 de junio de 2016, ECLI:ES:TS:2016:3966).

Validez de la solicitud de la prestación en pago único presentada con posterioridad al inicio de la actividad como trabajador autónomo

Si a un trabajador se le concede la prestación contributiva de desempleo en su modalidad de pago único con posterioridad al inicio de la actividad como trabajador autónomo, cabe el pago único aunque el alta en RETA del solicitante se hubiese producido antes de la petición de la prestación capitalizada, siempre que esa solicitud fuera posterior a la situación legal de desempleo. (STS, rec. 4213/10, de 29 de septiembre de 2011, ECLI:ES:TS:2011:7957, y STS, rec. 3279/2008, de 19 de octubre de 2009, ECLI:ES:TS:2009:6966).

Incompatibilidad entre los salarios de tramitación y las prestaciones por desempleo reconocidas en su modalidad de pago único

Otro supuesto en el que se ha reiterado doctrina es la posible devolución de parte de prestaciones temporalmente coincidentes con los salarios de tramitación. Se establece la imposibilidad de percibir de manera simultánea prestaciones de desempleo y salarios de tramitación.

La prestación por desempleo no es doble, sino una sola, que nace desde la extinción del contrato de trabajo y sobre la que se proyectarán las vicisitudes que puedan surgir con posterioridad, como es el supuesto en el que al trabajador se le conceda el derecho a percibir salarios de tramitación después de reconocido el derecho a la prestación. Por ello, como expresa el art. 268.5.b) de la LGSS: «Cuando se produzca la readmisión del trabajador, mediante conciliación o sentencia firme, o aunque aquella no se produzca en el supuesto al que se refiere el artículo 284 de la Ley reguladora de la jurisdicción social, las cantidades percibidas por este en concepto de prestaciones por desempleo se considerarán indebidas por causa no imputable al trabajador», de modo que mantiene la incompatibilidad entre ambos conceptos y el carácter indebido de las prestaciones.

A continuación, la misma norma establece que:

«En tal caso, la entidad gestora cesará en el abono de las prestaciones por desempleo y reclamará a la Tesorería General de la Seguridad Social las cotizaciones efectuadas durante la percepción de las prestaciones. El empresario deberá ingresar a la entidad gestora las cantidades percibidas por el trabajador, deduciéndolas de los salarios dejados de percibir que hubieran correspondido, con el límite de la suma de tales salarios.

A efectos de lo dispuesto en los párrafos anteriores, se aplicará lo establecido en el artículo 295.1, respecto al reintegro de prestaciones de cuyo pago sea directamente responsable el empresario, así como de la reclamación al trabajador si la cuantía de la prestación hubiera superado la del salario».

Se trata de una regulación legal que puede comportar muchos elementos de hecho variables derivados, entre otras situaciones posibles, por ejemplo del momento en que se cobran esos salarios de tramitación —en ocasiones después de terminar las prestaciones por desempleo— si se abonan en todo o en parte, o si lo hace la empresa o el Fondo de Garantía Salarial.

Las finalidades de esta compleja regulación son esencialmente dos (STS n.º 198/2024, de 29 de enero del 2024, ECLI:ES:TS:2024:337 y STS, rec. 1646/2006, de 26 de marzo de 2007, ECLI:ES:TS:2007:2727):

- Por una parte, permitir la coordinación de los efectos de la apertura del derecho con el despido sin esperar a la calificación de éste y las consecuencias que de esa calificación pueden derivarse en orden al periodo de percepción inicial.

- Por otra parte, asegurar la incompatibilidad entre percepción de las prestaciones de desempleo y el abono de salarios de tramitación durante el mismo periodo.

De esta forma, el art. 268.5.b) de la LGSS, contiene una regla de adecuación o regularización, de lo que se podría llamar «el derecho inicialmente reconocido», en virtud de la cual, la gestora deja de abonar las prestaciones de desempleo y debe reclamar a la TGSS las cotizaciones efectuadas durante la percepción de las mismas, e impone al empresario la obligación de reintegro a la entidad gestora de las cantidades percibidas por el trabajador, deduciéndolas de los salarios dejados de percibir que le hubieran correspondido con el límite de la suma de tales salarios.

A efectos de lo dispuesto en los párrafos anteriores, se aplicará lo establecido en el art. 295.1 de la LGSS, respecto al reintegro de prestaciones de cuyo pago sea directamente responsable el empresario, así como de la reclamación al trabajador si la cuantía de la prestación hubiera superado la del salario.

11.4. Reclamación del SPEE asociada a la contratación temporal abusiva o fraudulenta

El artículo 147 de la Ley Reguladora de la Jurisdicción Social (LRJS) establece un mecanismo de protección para los trabajadores frente a la contratación temporal abusiva o fraudulenta, permitiendo que el empresario sea declarado responsable del abono de las prestaciones por desempleo obtenidas de manera indebida. Este mecanismo se activa cuando la Entidad Gestora de las prestaciones por desempleo detecta que un trabajador ha recibido prestaciones tras la finalización de varios contratos temporales con la misma empresa en un periodo de cuatro años. La normativa prevé un procedimiento judicial específico para estos casos, incluyendo la posibilidad de que el empresario sea condenado a devolver las prestaciones y cotizaciones correspondientes.

La Sentencia del Tribunal Superior de Justicia de Andalucía n.º 2173/2022, de 21 de julio de 2022, ECLI:ES:TSJAND:2022:9777, destaca que la contratación temporal abusiva o fraudulenta perjudica al Servicio Público de Empleo Estatal (SPEE), al tener que asumir prestaciones que no se habrían generado de haberse utilizado la modalidad contractual adecuada.

En cuanto a la responsabilidad del trabajador en el fraude de prestaciones por desempleo, la Sentencia del Tribunal Superior de Justicia de Andalucía n.º 3620/2020, de 26 de noviembre de 2020, ECLI:ES:TSJAND:2020:16286, aclara que no se puede imputar automáticamente connivencia entre empresa y trabajador para obtener prestaciones de manera indebida. Generalmente, se entiende que el trabajador se limita a aceptar las ofertas laborales y sus finalizaciones, sin que sea exigible o sancionable no haber presentado demanda por despido al término de cada contrato.

Este marco legal refuerza la protección de los derechos de los trabajadores y establece claras responsabilidades para los empleadores en casos de contratación temporal abusiva o fraudulenta, asegurando así la integridad del sistema de prestaciones por desempleo

CUESTIÓN

En el supuesto de contrataciones temporales fraudulentas con percibo de prestaciones por desempleo, ¿el trabajador también comete fraude?

Cuando se demuestre una utilización abusiva del contrato temporal por parte de la empresa, la imputación de cualquier connivencia entre empresa y trabajador para obtener la prestaciones por desempleo no es automática. Con carácter general, los tribunales entienden que el trabajador «(...) se limitaba a aceptar las ofertas laborales que le hacía la empresa, así como sus finalización cuando esta le comunicaba su extinción por disminuir el volumen de trabajo que tenía la misma. Y aunque es cierto que el trabajador pudiera haber presentado demanda por despido a la finalización de cada uno de los contratos, entendemos que ello no le era exigible, ni por tanto sancionable, y consideramos que aquellas irregularidades contractuales imputables a falta de más datos a la empresa, pudieran dar lugar a que el Servicio Público de Empleo Estatal hubiera ejercitado la acción que se prevé en el artículo 147 de la Ley Reguladora de la Jurisdicción Social, presentando demanda para que el empresario fuera declarado responsable del abono delas prestaciones percibidas por el trabajador al ser la reiterada contratación temporal abusiva o fraudulenta, o incluso la imposición de una sanción a ese empresario de considerarse su conducta tipificada en la LISOS, pero no que le pueda ser imputada al trabajador la infracción consistente en "la connivencia con el empresario para la obtención indebida de cualesquiera prestaciones de la Seguridad Social"». (STSJ de Andalucía n.º 3620/2020, de 26 de noviembre de 2020, ECLI:ES:TSJAND:2020:16286).

11.5. Solicitud de reintegro y compensación de prestaciones indebidamente percibidas

Los arts. 33, 33 bis, 34 y 34 bis del Real Decreto 625/1985, de 2 de abril regulan el reintegro de prestaciones por desempleo indebidamente percibidas o su compensación.

11.5.1. ¿Cómo puede reclamar el SPEE las prestaciones por desempleo indebidamente percibidas?

Corresponde a la entidad gestora competente declarar y exigir la devolución de las prestaciones indebidamente percibidas por los trabajadores. Como novedad tras las distintas modificaciones realizadas por el Real Decreto-ley 2/2024, de 21 de mayo, la **entidad gestora podrá conceder la compensación parcial, así como el fraccionamiento de pago para el reintegro de las prestaciones por desempleo indebidamente percibidas**, en los términos y condiciones que analizaremos, a solicitud del sujeto responsable del mismo, que deberá ser presentada con anterioridad al inicio de su recaudación en vía ejecutiva. Tanto la compensación parcial como el fraccionamiento del pago comprenderán el principal de la deuda, así como el recargo que fuera exigible en la fecha de su solicitud. Además, el fraccionamiento del pago devengará intereses, desde el momento de su concesión hasta la fecha de pago, conforme al interés de demora que se encuentre vigente en cada momento durante su duración (art. 295 de la LGSS).

Junto a las decisiones de la entidad gestora sobre reconocimiento, denegación, suspensión o extinción de cualquiera de las prestaciones por desempleo, el art. 303 de la LGSS establece que son recurribles ante los tribunales laborales por los cauces de este proceso las siguientes resoluciones del SPEE:

Las relativas a la exigencia de devolución de las prestaciones indebidamente percibidas y al reintegro de las prestaciones de cuyo pago sea directamente responsable el empresario.

Las relativas al abono de la prestación por desempleo en su modalidad de pago único.

Las relativas a la imposición de sanciones a los trabajadores por infracciones leves y graves. Debe tenerse en cuenta que las sanciones por faltas muy graves quedan exceptuadas de este procedimiento, siendo impugnables en vía administrativa y agotada esta, ante el orden jurisdiccional social.

Entre las particularidades de este procedimiento, la más patente es que estos procesos se inician mediante comunicación de la entidad gestora, a la que la Ley confiere consideración de demanda. Dicha comunicación debe de cumplir los requisitos establecidos en el artículo 80 de la LRJS para las demandas y hallarse fundamentada en los oportunos expedientes administrativos de otorgamiento de prestaciones de desempleo que sustenten el pretendido carácter fraudulento de los respectivos contratos temporales que se alega.

La iniciación del proceso no conllevará la revisión de las resoluciones de la entidad gestora que en su caso reconocieren el derecho del trabajador a percibir las correspondientes prestaciones de desempleo por finalización de los sucesivos contratos temporales, cuyo carácter fraudulento se denuncia.

En relación con las partes, el demandante es el ente gestor, que asume la consideración de sujeto activo del proceso. Como la demanda implica también al trabajador que ha percibido las prestaciones objeto de litigio, este aparece asimismo como parte activa del proceso, en condición de colitigante.

En lo referente a la prueba, dispone el 147 de la LRJS en su apartado tercero lo siguiente.

> «Admitida a trámite la demanda, continuará el procedimiento con arreglo a las normas generales, con las especialidades siguientes:
> a. El empresario y el trabajador que hubieran celebrado los reiterados contratos temporales tendrán la consideración de parte en el proceso, si bien no podrán solicitar su suspensión. Aun sin su asistencia, el procedimiento se seguirá de oficio.
> b. Las afirmaciones de hechos que se contengan en la comunicación base del proceso harán fe, salvo prueba en contrario, incumbiendo la carga de la prueba al empresario demandado».

Por último, en lo que se refiere a la sentencia, aquella que sea estimatoria de la pretensión de la entidad gestora será inmediatamente ejecutiva. Dicha inmediación supone que a pesar del eventual recurso que pueda interponerse por el empresario, la Administración aseguradora puede exigir el reintegro inmediato por el empresario condenado de las prestaciones y cotizaciones que sean objeto de la condena.

JURISPRUDENCIA

STS n.º 530/2024, de 4 de abril, ECLI:ECLI:ES:TS:2024:2072

Ha dictaminado que los trabajadores no tienen que devolver las prestaciones de desempleo recibidas por error de la Administración si se comunicaron

todos los datos de buena fe. Esta decisión se basa en la jurisprudencia del Tribunal Europeo de Derechos Humanos (TEDH), específicamente en el caso Cakarevic v. Croacia de 26 de abril de 2018, que establece que no se puede exigir el reembolso de prestaciones indebidamente percibidas cuando el error es exclusivamente imputable a las autoridades y supone una carga desproporcionada para el beneficiario.

11.5.2. Procedimiento para el reintegro de prestaciones indebidamente percibidas

Cuando el trabajador perciba indebidamente prestación o subsidio por desempleo, el Servicio Público de Empleo Estatal procederá de acuerdo con las siguientes reglas (art. 33 del Real Decreto 625/1985, de 2 de abril):

- Acordará el inicio del procedimiento de reintegro informando al interesado de su derecho a formular alegaciones en el plazo de diez días.

- Transcurrido dicho plazo, y valoradas las alegaciones si se hubiesen formulado, dictará resolución declarando la existencia o inexistencia de percepción indebida de las prestaciones y, en su caso, la cuantía del cobro indebido.

El plazo máximo para resolver el procedimiento y notificar la resolución será de **seis meses**. Contra la resolución de la Dirección Provincial del Servicio Público de Empleo Estatal que exija el reintegro de las cantidades indebidamente percibidas, el trabajador (o el empresario) podrá interponer, en el plazo de **treinta días** contados a partir del día siguiente al de la notificación, reclamación previa (art. 71 de la LRJS).

El trabajador dispondrá de un plazo de treinta días, a partir de la notificación de la resolución, para reintegrar la cuantía de la prestación o subsidio indebidamente percibidos. Transcurrido dicho plazo, sin que haya sido obtenido el reintegro de la deuda, en los casos en los que no se pueda aplicar la compensación o descuento, o bien cuando, procediendo dicha compensación o descuento, no hubiera sido posible cancelar la deuda en su totalidad, se aplicará el procedimiento de apremio establecido en el art. 84 y ss. Real Decreto 1415/2004, de 11 de junio.

CUESTIONES

1. ¿En algún supuesto podrá exigirse al empresario el reintegro de la prestación por desempleo indebidamente percibida?

Sí. En los supuestos previstos en las letras a), c) y e) del art. 23.1 de la LISOS y cuando la empresa deba responder de la devolución de las cantidades indebidamente percibidas por la persona trabajadora como responsable solidaria o directa (arts. 23.2 y 43.3 de la LISOS).

2. ¿El SPEE reclamará cualquier cantidad?

En aplicación de los principios de economía y eficacia administrativa, podrá no iniciarse el procedimiento de reintegro cuando el importe de una deuda sea inferior a la cantidad que determine el Ministerio de Trabajo y Economía Social como insuficiente para la cobertura del coste que su exacción y recaudación represente, y si tal circunstancia sobreviniese con posterioridad a su inicio, se pondrá fin al procedimiento en los términos y condiciones que aquél establezca, con los efectos previstos en el art. 116.2 de la LGSS (art. 33.3 bis del Real Decreto 625/1985, de 2 de abril).

PROCEDIMIENTO PARA EL REINTEGRO DE PRESTACIONES (O SUBSIDIOS) POR DESEMPLEO INDEBIDAMENTE PERCIBIDAS

RD-ley 1/2023 y RD-ley 2/204 → MODIFICAN → Arts. 33 y 34 del Real Decreto 625/1985, de 2 de abril
Con efectos de 23/05/2023

En caso de que la persona trabajadora perciba indebidamente prestación o subsidio por desempleo:

1. El Servicio Público de Empleo Estatal iniciará procedimiento de reintegro

→ **En 10 días:** informará al interesado de su derecho a formular alegaciones.

Transcurrido dicho plazo (y valoradas las alegaciones si se hubiesen formulado).

→ **En 6 meses:** dictará resolución resolviendo el procedimiento y notificará al interesado.

A partir de la notificación de la resolución.

2. El interesado

→ **En 30 días:** reintegrará la cuantía de la prestación o subsidio indebidamente percibidos.

Transcurrido dicho plazo (cuando no opere la compensación o descuento)

Procedimiento de recaudación en vía ejecutiva (según art. 84 y ss. del Real Decreto 1415/2004, de 11 de junio).

3. La empresa

→ Párrafos a), c) y e) del art. 23.1 de la LISOS.

→ Arts. 23.2 y 43.3 de la LISOS.

→ Mismo procedimiento.

Cuando resulte responsable solidaria o directa de la devolución de las cantidades indebidamente percibidas por la persona trabajadora y la deuda sea superior al coste de reclamarla (art. 116.2 de la LGSS).

Contra la resolución de la Dirección Provincial del SPEE que exija el reintegro de las cantidades indebidamente percibidas:

→ **En 30 días** (desde el día siguiente al de la notificación): **reclamación previa** (art. 71 de la LRJS).

Resolución en 45 días →
Silencio administrativo (negativo)
Denegación a la solicitud
→ 30 días → **Demanda**

11.5.3. Fraccionamiento del pago de las deudas derivadas de la percepción indebida de prestaciones por desempleo

La entidad gestora, podrá conceder fraccionamiento, para el pago de deudas de protección por desempleo, a solicitud de los sujetos responsables del pago, cuando la situación económico-financiera y demás circunstancias concurrentes, discrecionalmente apreciadas por el órgano competente para resolver, les impida efectuar el ingreso de sus débitos (art. 33 bis del RD 625/1985, de 2 de abril).

La concesión del fraccionamiento, siempre y cuando se cumplan las condiciones establecidas y en la resolución que lo conceda, dará lugar, en relación con la deuda fraccionada a la suspensión del procedimiento recaudatorio.

A TENER EN CUENTA. Si la solicitud de fraccionamiento se presentara una vez transcurrido el plazo de treinta días, se aplicará al principal, el recargo por ingreso fuera de plazo previsto en el art. 30 de la LGSS.

La duración total del fraccionamiento no podrá exceder de cinco años. No obstante, cuando concurran causas de carácter extraordinario debidamente acreditadas, se podrá conceder otro período superior, dictándose la correspondiente resolución.

La concesión de fraccionamiento dará lugar al **devengo de interés**, que será exigible desde su concesión hasta la fecha de pago, conforme al tipo de interés de demora que se encuentre vigente en cada momento durante el período de duración del fraccionamiento.

El interés que corresponda será aplicable sobre el principal de la deuda y, en su caso, sobre el correspondiente recargo.

La solicitud de fraccionamiento contendrá necesariamente los datos precisos para la identificación del deudor y de la deuda, con expresión de los motivos que la originan, del plazo y vencimientos que se solicitan y del lugar o medio elegido a efectos de notificaciones. Contendrá también, en su caso, el ofrecimiento de garantías por el titular de los derechos que vayan a asegurar el cumplimiento, con justificación de su suficiencia.

El Servicio Público de Empleo Estatal podrá recabar del solicitante cuanta documentación considere necesaria para acreditar la situación económico-financiera y demás circunstancias que hubieran sido alegadas en la solicitud y, en general, cuantos informes y actuaciones estime convenientes para adoptar la resolución.

Si la solicitud de fraccionamiento no reuniese los requisitos exigidos o no se aportasen con ella los documentos establecidos, o se apreciasen en ella defectos u omisiones, se requerirá al solicitante para que subsane la falta o acompañe los documentos preceptivos en el plazo de 10 días, con indicación de que en caso contrario se dictará resolución teniéndole por desistido de su solicitud.

El cumplimiento del fraccionamiento deberá asegurarse mediante garantía suficiente para cubrir el importe principal de la deuda y recargos para deudas superiores a 150.000 euros.

La resolución por la que se resuelva la solicitud de fraccionamiento deberá ser dictada en el plazo máximo de tres meses, contados a partir de la fecha de entrada en el registro del órgano competente para su tramitación. Transcurrido dicho plazo sin que haya recaído resolución expresa, podrá entenderse desestimada la solicitud. En dicha resolución deberá indicarse la cuantía total y el período de la deuda aplazada, la duración y vencimientos del fraccionamiento, así como los plazos para la constitución de las garantías y cumplimiento de las demás condiciones que se establezcan, extremos que, en atención a las circunstancias concurrentes, podrán diferir de los solicitados.

En caso de **denegación** de la solicitud, la resolución dará un nuevo plazo de ingreso de 15 días desde la notificación de la resolución.

Dará lugar a la denegación de la solicitud de fraccionamiento la concurrencia de alguna de las siguientes circunstancias:

- Que el solicitante haya incurrido en reiterados incumplimientos de fraccionamiento anteriormente concedidos.

- Que, al momento de la solicitud, hubiera sido expedida la providencia de apremio.

En caso de incumplimiento de cualquiera de las condiciones o pagos del fraccionamiento se aplicará, sin más trámite, lo establecido en el artículo 84 y ss. del Reglamento General de Recaudación de la Seguridad Social (Real Decreto 1415/2004, de 11 de junio).

11.5.4. Compensación de prestaciones por desempleo

¿Cuándo procederá la compensación o descuento en la prestación por desempleo?

El Servicio Público de Empleo Estatal podrá efectuar las correspondientes compensaciones o descuentos en la prestación por desempleo que sean de su competencia, para resarcirse de las cantidades indebidamente percibidas por la persona trabajadora (art. 34 del Real Decreto 625/1985, de 2 de abril). No obstante:

- Cuando el solicitante de prestaciones por desempleo tuviera deudas pendientes con la entidad gestora, se iniciará la compensación de la deuda con cargo al nuevo derecho hasta que el beneficiario haya reintegrado las cantidades pendientes o le sea concedido el fraccionamiento del pago de la deuda.

- En caso de fraccionamiento del pago de las deudas derivadas de la percepción indebida de prestaciones por desempleo (art. 33 bis del Real Decreto 625/1985, de 2 de abril), cuando, antes de que se dicte resolución, el interesado solicitase una nueva prestación, y siempre que el importe del primer pago de la prestación derivada del reconocimiento del nuevo derecho fuera superior al de la deuda, podrá compensarse la cantidad adeudada y percibir la diferencia a su favor si el beneficiario manifiesta su conformidad.

- En aquellos casos en los que por la entidad gestora se revisase la duración o cuantía de las prestaciones por desempleo, o los periodos de percepción, por cualquier causa, únicamente se iniciará el procedimiento de reintegro por el exceso de cuantía resultante de la regularización entre las cantidades efectivamente percibidas y las que se hubiesen debido percibir.

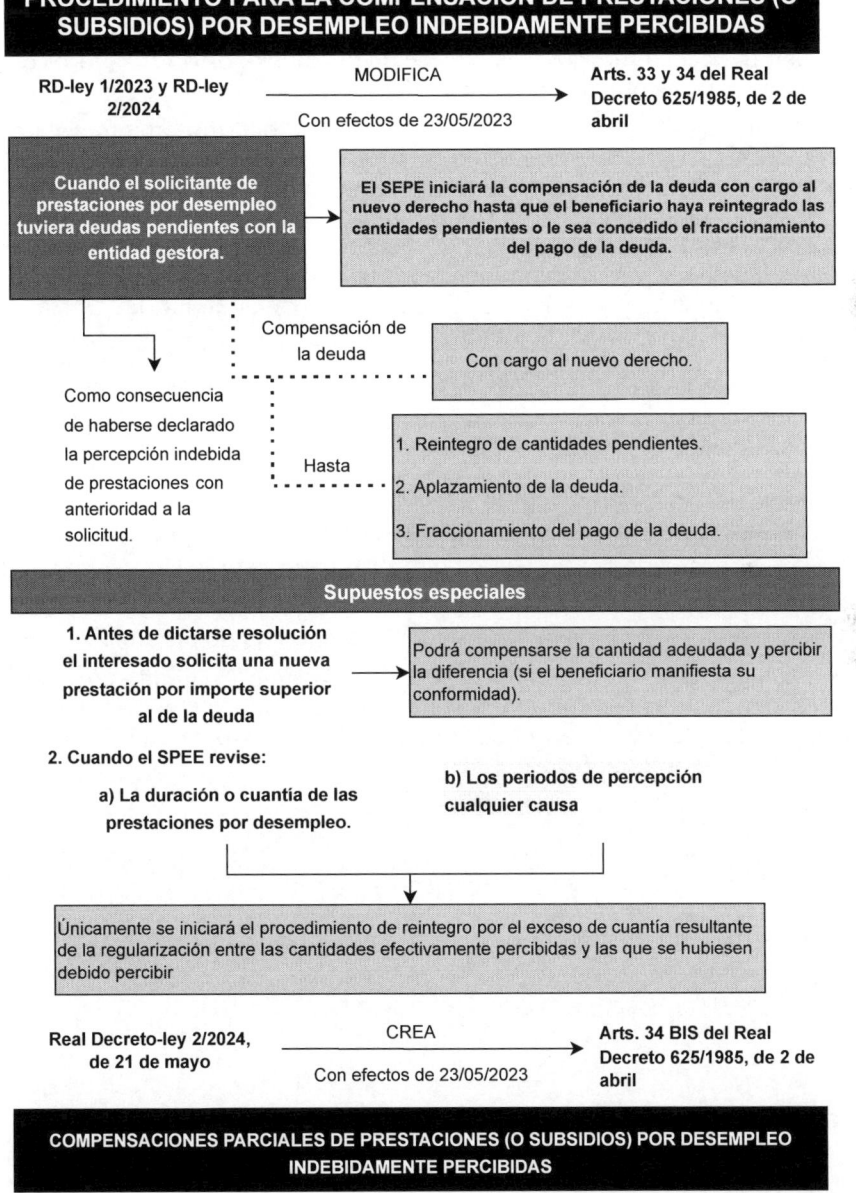

PROCEDIMIENTO PARA LA COMPENSACIÓN DE PRESTACIONES (O SUBSIDIOS) POR DESEMPLEO INDEBIDAMENTE PERCIBIDAS

RD-ley 1/2023 y RD-ley 2/2024 — MODIFICA Con efectos de 23/05/2023 → Arts. 33 y 34 del Real Decreto 625/1985, de 2 de abril

Cuando el solicitante de prestaciones por desempleo tuviera deudas pendientes con la entidad gestora.

El SEPE iniciará la compensación de la deuda con cargo al nuevo derecho hasta que el beneficiario haya reintegrado las cantidades pendientes o le sea concedido el fraccionamiento del pago de la deuda.

Como consecuencia de haberse declarado la percepción indebida de prestaciones con anterioridad a la solicitud.

Compensación de la deuda — Con cargo al nuevo derecho.

Hasta
1. Reintegro de cantidades pendientes.
2. Aplazamiento de la deuda.
3. Fraccionamiento del pago de la deuda.

Supuestos especiales

1. Antes de dictarse resolución el interesado solicita una nueva prestación por importe superior al de la deuda → Podrá compensarse la cantidad adeudada y percibir la diferencia (si el beneficiario manifiesta su conformidad).

2. Cuando el SPEE revise:
   a) La duración o cuantía de las prestaciones por desempleo.
   b) Los periodos de percepción cualquier causa

Únicamente se iniciará el procedimiento de reintegro por el exceso de cuantía resultante de la regularización entre las cantidades efectivamente percibidas y las que se hubiesen debido percibir

Real Decreto-ley 2/2024, de 21 de mayo — CREA Con efectos de 23/05/2023 → Arts. 34 BIS del Real Decreto 625/1985, de 2 de abril

COMPENSACIONES PARCIALES DE PRESTACIONES (O SUBSIDIOS) POR DESEMPLEO INDEBIDAMENTE PERCIBIDAS

Compensaciones parciales de las prestaciones por desempleo

Desde el 23/05/2024, la entidad gestora podrá conceder, a solicitud del trabajador, la compensación parcial mensual de su deuda con cargo al nuevo derecho reconocido, cuando la situación económico-financiera y demás circunstancias concurrentes, discrecionalmente apreciadas por el órgano competente para resolver, así lo aconseje.

Con carácter general, la **cantidad a compensar mensualmente** será la equivalente al cociente que resulte de dividir el importe total de la deuda entre el número de meses de duración del derecho reconocido.

En el caso de que, con anterioridad a la fecha del agotamiento del derecho reconocido y con el que se está compensando la deuda, concurriera cualquier causa de suspensión del mismo, el trabajador dispondrá del plazo de quince días para cancelar la deuda pendiente, o en su caso, solicitar su fraccionamiento. Transcurrido dicho plazo, sin que se haya reintegrado la deuda ni solicitado su fraccionamiento, se aplicará lo establecido en el art. 84 y ss. del Reglamento General de Recaudación de la Seguridad Social (Real Decreto 1415/2004, de 11 de junio).

> **A TENER EN CUENTA.** A la solicitud de compensación parcial le resulta de aplicación las normas de tramitación previstas en los apdos. 5, 6 y 7 del art. 33 bis del Real Decreto 625/1985, de 2 de abril.

Se denegará la compensación parcial cuando:

- No se acredite el requisito de carencia de rentas o, en su caso, el de responsabilidades familiares conforme a lo establecido en los apdos. 1 y 2 del art. 275 de la Ley General de la Seguridad Social.
- Cuando la TGSS haya expedido la providencia de apremio.

Se excluyen del procedimiento de compensación parcial las prestaciones por incapacidad temporal que sean abonadas por la entidad gestora en aplicación de lo previsto en el artículo 283.2 del texto refundido de la Ley General de la Seguridad Social.

COMPENSACIONES PARCIALES DE PRESTACIONES (O SUBSIDIOS) POR DESEMPLEO INDEBIDAMENTE PERCIBIDAS

Real Decreto-ley 2/2024, de 19 de diciembre → **CREA** Con efectos de 23/05/2024 → **Arts. 34 BIS del Real Decreto 625/1985, de 2 de abril**

Cuando el solicitante de prestaciones por desempleo tuviera deudas pendientes con la entidad gestora. → El SEPE, podrá conceder, a solicitud del trabajador, la **compensación parcial mensual de su deuda** con cargo al nuevo derecho reconocido, cuando la situación económico-financiera y demás circunstancias concurrentes, discrecionalmente apreciadas por el órgano competente para resolver, así lo aconseje.

- La **cantidad a compensar mensualmente** será:
Importe total de la deuda / N.º de meses de duración del derecho reconocido.
- **Tramitación**:
Apdos. 5, 6 y 7 art. 33 bis del RD 625/1985 y art. 84 del RD 1415/2004, de 11 de junio.

Supuestos especiales

1. **Suspensión de la prestación por desempleo con la que se está compensando la deuda** → El trabajador podrá (en 15 días) cancelar la deuda pendiente, o en su caso, solicitar su fraccionamiento (art. 33 bis).

2. **Cuando se acrediten rentas en cuantía mensual inferior a las pensiones de jubilación e invalidez no contributivas** → El trabajador podrá proponer a la entidad gestora el plan de compensación y de futuros pagos que estime viable (el plazo máximo de cinco años se amplía por el tiempo que fuera necesario para la cancelación).

La compensación parcial se denegará

1. Cuando no se acredite el requisito de carencia de rentas o, en su caso, el de responsabilidades familiares (art. 275.1 y 2 de la LGSS).

2. Cuando la Tesorería General de la Seguridad Social haya expedido la providencia de apremio

Se excluyen del procedimiento de compensación parcial se denegará

1. Las prestaciones por IT abonadas por la entidad gestora (art. 283.2 de la LGSS).

CUESTIÓN

¿Qué sucede en los supuestos en los que el trabajador se oponga a la compensación total de su deuda pero no solicite la compensación parcial?

Será de aplicación lo establecido en el art. 84 y ss. del Reglamento General de Recaudación de la Seguridad Social (Real Decreto 1415/2004, de 11 de junio). No

obstante, si trabajador acredita que el importe total de las rentas de cualquier naturaleza, tanto propias como, en su caso, del resto de miembros de la unidad familiar,
incluyendo el importe bruto de la prestación por desempleo de la que sea titular, es
inferior a la cuantía mensual de las pensiones de jubilación e invalidez en la modalidad no contributiva, podrá proponer ante la entidad gestora el plan de compensación y de futuros pagos que estime viable, pudiendo ésta ampliar el plazo máximo
de cinco años en el tiempo que fuera necesario para su cancelación.

ANEXO I.
CASOS PRÁCTICOS

Caso práctico | Renuncia a un contrato indefinido y suscripción de otro temporal. Acceso a la prestación de desempleo y fraude de ley

PLANTEAMIENTO

Una trabajadora prestó servicios por cuenta ajena, con la categoría profesional de dependienta, desde abril de 2020 hasta septiembre de 2024, fecha en que causó baja voluntaria. Al cabo de un mes suscribe un contrato temporal con la misma empresa durante un mes de duración con la categoría profesional de limpiadora, percibiendo un sueldo inferior que el que percibía en el anterior contrato.

Finalizado el contrato temporal presentó solicitud de desempleo, siendo esta denegada por el SPEE, argumentando que durante el último contrato temporal en el que había cesado se había producido «fraude de ley» con el objeto de acceder a dicha prestación.

1. ¿Se ha de presuponer la existencia de fraude de ley ante una sucesión de contratos, siendo el primero indefinido y el segundo temporal de corta duración? ¿Quién debe probar la existencia del fraude de ley?

2. Tras la renuncia a un contrato indefinido por parte del trabajador, ¿qué condiciones ha de reunir el contrato temporal suscrito posteriormente para no ser considerado fraudulento?

RESPUESTA

1. ¿Se ha de presuponer la existencia de fraude de ley ante una sucesión de contratos, siendo el primero indefinido y el segundo temporal de corta duración? ¿Quién debe probar la existencia del fraude de ley?

La mera existencia de dos contratos de trabajo no implica que uno de ellos se haya consignado con la intención de obtener la prestación por desempleo a la que no se tuvo derecho por el otro. Ha de ser el SPEE el que pruebe la existencia de fraude de ley.

El art. 6.4 del Código Civil define el fraude de ley como «Los actos realizados al amparo del texto de una norma que persigan un resultado prohibido por el ordenamiento jurídico, o contrario a él, se considerarán ejecutados en fraude de ley y no impedirán la debida aplicación de la norma que se hubiere tratado de eludir».

Igualmente la jurisprudencia (STSJ de Galicia, rec. 1709/1995, de 5 enero de 1.998, ECLI:ES:TSJGAL:1998:6452, STS de 5 de diciembre de 1.991) se ha pronunciado sobre el mismo concepto calificándolo como «(...) un acto que contraríe la finalidad práctica de la Ley defraudada, suponiendo su violación efectiva» o como aquel realizado acto cuando «la ley en que se ampare no tenga el fin de protegerlo».

En cuanto a la prueba de la existencia o inexistencia del fraude de ley, el art. 217 de la LEC establece: «corresponde al actor y al demandado reconviniente la carga de probar la certeza de los hechos de los que ordinariamente se desprenda, según las normas jurídicas a ellos aplicables, el efecto jurídico correspondiente a las pretensiones de la demanda y de la reconvención».

Al mismo respecto la doctrina jurisprudencial (SSTS de 22 de diciembre de 1.989, 6 de julio de 1.990 y 11 de octubre de 1.991) mantiene que **quien alegue el fraude de ley habrá de demostrar, inequívocamente, la existencia de discordia entre el fin del acto jurídico y el de la norma, es decir, el fraude de ley no podrá deducirse de meras suposiciones, sino que ha de basarse en actos probados.**

En el supuesto, a la luz de todo lo expuesto anteriormente, ha de tenerse en cuenta que la mera existencia de dos contratos de trabajo no implica que uno de ellos se haya consignado con la intención de obtener la prestación por desempleo a la que no se tuvo derecho por el otro. Por lo que, no será la trabajadora quien ha de demostrar la intencionalidad del segundo contrato, sino el SPEE al sufrir, este último, la carga de probar el «intento» de fraude de ley en la segunda contratación.

2. Tras la renuncia a un contrato indefinido por parte del trabajador, ¿qué condiciones ha de reunir el contrato temporal suscrito posteriormente para no ser considerado fraudulento?

Puesto que el fraude de ley no se presupone ha de analizarse cada caso concreto. No obstante, la doctrina jurisprudencial ha establecido algunos motivos por los que considerar en fraude de ley los contratos temporales suscritos tras uno indefinido, como son el cambio de categoría profesional y la percepción de un salario inferior al recibido durante la validez del contrato indefinido.

La doctrina jurisprudencial ha establecido (STSJ de Cantabria, rec. 1161/1999, de 3 de mayo de 2001, ECLI:ES:TSJCANT:2001:816) básicamente dos motivos por los que considerar en fraude de ley los contratos temporales suscritos tras uno indefinido:

1. El cambio de categoría profesional.

2. La percepción de un salario inferior al recibido durante la validez del contrato indefinido.

No obstante, se han dado casos concretos en los que las distintas sentencias han considerado fraude de ley (STSJ de Galicia, rec. 1709/1995, de 5 enero de 1.998, ECLI:ES:TSJGAL:1998:6452, STSJ de Extremadura, rec. 290/1998, de 2 de junio de 1.998, ECLI:CLI:ES:TSJEXT:1998:836, STSJ de Castilla la Mancha, rec. 292/1998, de 20 de enero de 1.999, ECLI:ES:TSJCLM:1999:126), o no (STSJ de Andalucía, rec. 5092/1995, de 29 de octubre de 1999, ECLI:ES:TSJAND:1999:13206, STSJ de Murcia, rec. 36/2000, de 21 de febrero de 2.000, ECLI:ECLI:ES:TSJMU:2000:609) basándose en aspectos como: ausencia de causa personal concreta que motive el cambio, abandono de puesto de trabajo y posterior reincorporación con contrato temporal, morosidad en el pago de salarios, etc. (STSJ Cataluña n.º 7420/2008, de 8 de octubre 2008, ECLI:ES:TSJCAT:2008:9819).

Caso práctico | Reintegro de las prestaciones de desempleo por la empresa ante contratación temporal abusiva y fraudulenta. Sucesión de contratos temporales

PLANTEAMIENTO

Una trabajadora ha sido declarada trabajadora fija de empresa por el Juzgado de lo Social n.º 1 de Santiago de Compostela, tras estimar el Tribunal que sus reiteradas contrataciones temporales a lo largo de cuatro años había sido realizadas en fraude de ley.

1. ¿Cómo actuará el Servicio Público de Empleo Estatal teniendo en cuenta que la trabajadora ha percibido prestaciones contributivas por desempleo entre contrataciones que ahora se declaran fraudulentas?

2. ¿La trabajadora debe devolver las cantidades percibidas o será la empresa la encargada de hacerlo por haber formalizado contratos fraudulentos?

3. En supuestos como el planteado, ¿procedería directamente el reintegro de las prestaciones por desempleo abonadas por la entidad gestora en los periodos de inactividad?

RESPUESTA

1. ¿Cómo actuará el Servicio Público de Empleo Estatal teniendo en cuenta que la trabajadora ha percibido prestaciones contributivas por desempleo entre contrataciones que ahora se declaran fraudulentas?

El art. 147 de la LRJS es claro: «cuando la Entidad u Organismo Gestor de las prestaciones por desempleo constate que, en los cuatro años inmediatamente anteriores a una solicitud de prestaciones, el trabajador hubiera percibido prestaciones por finalización de varios contratos temporales con una misma empresa, podrá dirigirse de oficio a la autoridad judicial demandando que el empresario sea declarado responsable del abono de las mismas, salvo de la prestación correspondiente al último contrato temporal, si la reiterada contratación temporal fuera abusiva o fraudulenta, así como la condena al empresario a la devolución a la Entidad Gestora de aquellas prestaciones junto con las cotizaciones correspondientes».

2. ¿La trabajadora debe devolver las cantidades percibidas o será la empresa la encargada de hacerlo por haber formalizado contratos fraudulentos?

En base a la regulación citada, la empresa es responsable de las prestaciones percibidas por el trabajador y cotizaciones correspondientes a la prestación de desempleo tras contratos temporales fraudulentos.

El Tribunal Supremo se ha pronunciado sobre devolución por la empresa de las prestaciones percibidas por el trabajador y cotizaciones correspondientes a la prestación de desempleo tras contratos temporales fraudulentos, considerando responsable a la empresa de las prestaciones percibidas por el trabajador y cotizaciones correspondientes a la prestación de desempleo tras contratos temporales fraudulentos. (STS, rec. 2732/2010, de 17 de marzo de 2011, ECLI:ES:TS:2011:1768, STS, rec. 1225/2008, de 5 de marzo de 2009, ECLI:ES:TS:2009:1513, STS, rec. 3335/2009, de 12 de abril de 2010, ECLI:ES:TS:2010:2874, entre muchas).

3. En supuestos como el planteado, ¿procedería directamente el reintegro de las prestaciones por desempleo abonadas por la entidad gestora en los periodos de inactividad?

Matizando el anterior supuesto, ha de tenerse igualmente en consideración la STS, rec. 661/2013, de 3 de diciembre, ECLI:ES:TS:2013:5951, donde se establece que la pretensión de condena empresarial al reintegro ejercitada vía art. 147 de la LRJS, únicamente podrá encontrar favorable acogida, cuando la contratación fraudulenta o abusiva haya ocasionado un perjuicio a la Entidad Gestora al haber abonado unas prestaciones de desempleo que conforme a ley no estaba obligada a satisfacer; en caso contrario, la empresa deberá ser absuelta.

Que la empresa tenga que hacerse cargo del reintegro de las prestaciones de desempleo en los supuesto de contratación temporal abusiva y fraudulenta, se encuentra condicionado, no tanto a la demostración de las posibles irregularidades de los contratos, sino a que éstas generaron una indebida percepción de prestaciones de desempleo. Pues si queda de manifiesto que el trabajador también habría tenido derecho a desempleo si en lugar de suscribir el contrato concertado, supuestamente abusivo o fraudulento, hubiera suscrito el que legalmente correspondía según la norma eludida, es evidente que las posibles irregularidades de los contratos serían irrelevantes a los efectos discutidos, puesto que ningún perjuicio habrían causado a la Entidad Gestora al estar también obligada a abonar las prestaciones correspondientes al contrato que legalmente correspondía.

Caso práctico | Cobro de la prestación por desempleo durante una excedencia voluntaria

PLANTEAMIENTO

Una trabajadora solicitó en su momento una excedencia voluntaria en la empresa para prestar sus servicios en otra. La segunda empresa comunica a la mencionada trabajadora su intención de no renovar el contrato temporal que había suscrito con ella.

Dado que la trabajadora solicitó la excedencia en la empresa inicial por un plazo superior al que trabajó en la segunda empresa y aún no es posible la reincorporación.

¿Podrá cobrar prestación por desempleo?

RESPUESTA

Podrá cobrar la prestación por desempleo hasta que pueda hacer efectiva su reincorporación a la empresa en la que está de excedencia.

La excedencia de carácter voluntario (art. 46 del Estatuto de los Trabajadores) hace referencia a aquella situación en la que el trabajador solicita a su empresa la suspensión de su contrato durante un periodo de tiempo determinado. A su fin, el trabajador conservará un derecho preferente para reingresar a la mercantil.

En el supuesto planteado la persona trabajadora obtiene la excedencia voluntaria, trabaja en otra empresa diferente, y finaliza la segunda relación laboral por causas no imputables a la trabajadora. De este modo, si solicitase la prestación por desempleo, podría tener derecho a la misma si la duración de la excedencia voluntaria no ha finalizado en el momento de la situación legal de desempleo y hasta que se pueda hacer efectiva su reincorporación a la empresa en la que está excedente. En este caso, si la duración de la prestación es superior a la duración del periodo de excedencia, cobrará la prestación hasta que finalice la excedencia, porque, a partir de ese momento, el abono de la prestación se suspenderá a la espera de que solicite su reincorporación a la empresa y ésta le responda. Si la empresa manifiesta la imposibilidad de aceptar su reincorporación por falta de vacante adecuada, o deniega la misma en ese momento pero admite el reingreso en una fecha futura, podrá continuar percibiendo la prestación por desempleo hasta la fecha de reincorporación a la empresa o hasta que la prestación finalice.

Si el plazo de duración de la excedencia voluntaria ya hubiera transcurrido cuando solicita la prestación por desempleo o no estuviera previsto un periodo mínimo de duración de la excedencia concedida, está obligado a solicitar primero el reingreso en la empresa. Hasta tanto ésta no le deniegue el acceso a su anterior puesto de trabajo, la trabajadora no se considera en situación legal de desempleo y por lo tanto no será posible que el SPEE atienda la solicitud de prestación por desempleo. Si la empresa respondiese que en ese momento no pueden reincorporarla, ya se encontraría en situación legal de desempleo y podría acceder a la prestación.

JURISPRUDENCIA

STS, rec. 4645/2017, de 5 de marzo de 2019, ECLI:ES:TS:2019:996, y STS, rec. 749/2000, de 24 de marzo de 2001, ECLI:ES:TS:2001:2425

Desde el punto de vista jurisprudencial tampoco podemos perder de vista la sentencia invocada por la de instancia –relativa a excedencias voluntarias– (...) en las que se incide en la matización que el art. 267.2 d) LGSS hace cuando se refiere a la solicitud de reingresos «en los casos y plazos establecidos en la legislación vigente" y en respecto a la relación laboral concertada estando en excedencia realmente hay un supuesto de pérdida un empleo por razones ajenas a su voluntad-concluye que "Aquél vínculo se encuentra en situación de suspensión por mor de la excedencia peticionada y concedida por el empleador (ex artículo 45.1.k) ET), de forma que resulta de aplicación el criterio jurisprudencial que acabamos de recordar, puesto que el trabajador está en desempleo real por el cese en la segunda empresa, pero también por haber solicitado voluntariamente la excedencia en la empresa anterior, sin que hubiere transcurrido todavía el plazo inicial para solicitar el reingreso, y sin que tampoco conste dato alguno que permita sostener la concurrencia de una actuación fraudulenta por parte del demandante en orden a la obtención de las prestaciones por desempleo. La vía de acceso y cobertura normativa para que el trabajador alcanzase la prestación demandada, es la articulada en el punto 3° del mismo precepto (art. 267.1.a) TRLGSS), ante el cese acaecido por voluntad unilateral del empleador».

STS, rec. 5582/2003, de 29 de diciembre de 2004, ECLI:ES:TS:2004:8518

«Aun siendo cierto que en el caso aquí contemplado el trabajador se hallaba en excedencia por su voluntaria decisión, de ello no se puede deducir que su situación de desocupado derivara de aquella decisión inicial, ni exigírsele para destruir la condición de desempleado involuntario el previo intento de reincorporarse a la empresa cuando carece de todo derecho a ello, siendo que todavía faltaba mucho tiempo por concluir el período de excedencia. Su condición de desempleado deriva, en definitiva, del despido de que fue objeto por la segunda empresa para la que trabajó, y en tal condición debe reconocerse la condición de desempleado que la sentencia recurrida le negó».

RESOLUCIONES RELEVANTES

STSJ de Galicia, rec. 1587/2023, de 16 de octubre de 2023, ECLI:ES:TSJGAL:2023:6897 y STSJ de Galicia, rec. 2148/2021, de 30 de septiembre de 2021, ECLI:ES:TSJGAL:2021:5771

«(...). en el caso litigioso no concurren circunstancias especiales o significativas que permitan llevar a cabo la acreditación por presunciones de la que venimos hablando. En este sentido debe recordarse que es principio general del Derecho que el fraude nunca puede presumirse, sino que es precisa plena acreditación del mismo y ha de basarse su apreciación en cumplida prueba de los hechos que lo configuran, y constituye una mera cuestión de hecho que corresponde fijar en exclusividad al Magistrado de instancia, y tan sólo resulta censurable en trámite de recurso cuando según las reglas del criterio humano falte un enlace preciso y lógico entre los hechos demostrados y el que se trata de deducir. En efecto, "en cuanto a la prueba de la existencia del fraude será a la Entidad Gestora a quien corresponda su carga, y también como admite algún Tribunal Superior de Justicia como el de Cataluña en sus sentencias 5 de julio de 1996 y 1 de abril de 1998, puede admitirse también la prueba de presunciones a la que alude el artículo 1.253 del Código Civil, siempre que exista un enlace preciso y directo según las reglas del criterio humano sobre el hecho demostrado y aquel que se trate de deducir" (sentencia del Tribunal Superior de Justicia

de Galicia de 26 de febrero de 2004 [rec. núm. 3116/2001]), lo que no sucede en el caso que nos ocupa, sin que por ello mismo se constate que el actuar del actor puede estimarse (tal y como concluye la resolución del SPEE de 19 de diciembre de 2019) en fraude de ley, ya que, de un lado, el actor de acuerdo con lo dispuesto en el art. 46 del ET solicitó la excedencia voluntaria, que le fue concedida por su empresa; y de otra parte porque la excedencia voluntaria es un derecho del trabajador, que puede ejercitar libremente, sin que el mismo pueda quedar limitado por el hecho de que su solicitud pueda estimarse en fraude de ley.».

Caso práctico | Rechazo de la prórroga de un contrato temporal y su incidencia sobre el derecho a indemnización por finalización de contrato temporal y desempleo

PLANTEAMIENTO

A una persona trabajadora que termina su contrato temporal la empresa le ofrece la renovación. No obstante, no quiere continuar en la empresa comunicándolo por escrito

1. ¿Tiene derecho a percibir indemnización por finalización de contrato un trabajador que no quiere renovar un contrato temporal?

2. ¿Puede pedir el paro después de rechazar la prórroga de un contrato temporal?

RESPUESTA

1. ¿Tiene derecho a percibir indemnización por finalización de contrato un trabajador que no quiere renovar un contrato temporal?

Sí. El Estatuto de los Trabajadores supedita el cobro de la indemnización a la finalización del contrato, sin que influya de qué parte proviene la voluntad de dar por finalizada la relación laboral.

A la finalización del contrato temporal el trabajador tendrá derecho a recibir una indemnización de cuantía equivalente a doce días de salario por cada año de servicio, o la establecida, en su caso, en la normativa específica que sea de aplicación. El art. 49.1.c) del Estatuto de los Trabajadores supedita su cobro a la finalización del contrato, sin que influya de qué parte proviene la voluntad de dar por finalizado el vínculo laboral.

En estos casos el convenio colectivo aplicable solo podrá mejorar algún aspecto de la indemnizaciones, como fijar una cuantía superior, pero no limitar su existencia.

2. ¿Puede pedir el paro después de rechazar la prórroga de un contrato temporal?

No. Si la trabajadora rechaza la prórroga del contrato temporal no se encontraría en situación legal de desempleo y por lo tanto no puede pedir la prestación a pesar de cumplir con los requisitos establecidos en el art. 267 de la LGSS. (STSJ de Andalucía n.º 951/2010, de 18 de marzo de 2010, ECLI:ES:TSJAND:2010:557).

Una baja voluntaria en la empresa supondría la inexistencia de situación legal de desempleo, y no permite solicitar la prestación a continuación. La trabajadora ha de tener en cuenta que para el cobro del desempleo ha de presentarse como requisito indispensable el denominado «Certificado de Empresa» en donde la empresa indicará la causa que motiva la extinción o suspensión de la relación laboral y las fechas en que se inicia y finaliza dicha situación. En caso de este tipo de finalización contractual el modelo oficial establece (art. 298 de la LGSS):

CÓDIGO	CAUSA
01	Despido de la persona trabajadora.
02	Despido por causas objetivas. Amortización por causas económicas, técnicas, organizativas o de producción.

CÓDIGO	CAUSA
03	Muerte del empresario o empresaria.
04	Jubilación del empresario o empresaria.
05	Incapacidad del empresario/a extinción de la personalidad jurídica del empresario/a.
06	Cese por declaración de invalidez permanente total de la persona trabajadora.
07	Cese en periodo de prueba a instancia del empresario o empresaria.
08	Cese en periodo de prueba por acuerdo del Consejo Rector en el supuesto de socios de cooperativas.
09	Cese en periodo de prueba a instancia de la persona trabajadora.
10	Cese por voluntad del empresario/a en la relación laboral de alta dirección.
11	Fin de contrato temporal.
12	Fin de contrato temporal a instancia del trabajador/a (rechazo prórroga).
13	Fin de la relación administrativa temporal de funcionarios/as de empleo y contratados administrativos.
14	Resolución de la persona trabajadora por traslado.
15	Fin o interrupción de la actividad de los trabajadores/as fijos/as-discontinuos/as.
16	Despido colectivo o extinción del contrato por ERE.
17	Suspensión del contrato o ERTE.
18	Reducción temporal de jornada o ERTE.
19	Suspensión voluntaria de la relación laboral. Víctimas de violencia de género.
20	Expulsión del socio de la cooperativa, por acuerdo del Consejo Rector.
21	Baja voluntaria de la persona trabajadora.
22	Finalización o resolución involuntaria del compromiso con las Fuerzas Armadas (Indicar con o sin derecho a pensión de retiro).
23	Fin de actuación con finalización de contrato, en el caso de artistas.
24	Fin de la actividad fija discontinua por la realización de trabajos fijos y periódicos que se repiten en fechas ciertas.
25	Finalización del vínculo societario de duración determinada, fijado en el acuerdo de admisión y en los estatutos de la cooperativa.
26	Excedencia.
27	Cese involuntario y con carácter definitivo en cargo público o sindical.
28	Pérdida con carácter involuntario y definitivo de la dedicación exclusiva o parcial por parte de un cargo público o sindical.
29	Conclusión del servicio o del tiempo máximo como reservista voluntario activado en las Fuerzas Armadas.
30	Despido por causas objetivas. Ineptitud, falta de adaptación y asistencia al trabajo.
31	Resolución de la persona trabajadora por modificación sustancial de las condiciones de trabajo.
32	Extinción voluntaria de la relación laboral. Víctimas de violencia de género.
33	Resolución de la persona trabajadora por causa justa.

Si la empresa consigna el Código 11, «Fin de contrato temporal», el SPEE entenderá que el cese de la relación laboral se ha producido por el fin de la duración del contrato temporal, sin que haya existido la posibilidad de una renovación. Este implicará la situación legal de desempleo.

Si por el contrario la empresa consigna el Código 12, «Fin de contrato temporal a instancia del trabajador (rechazo prórroga)», el SPEE entenderá que el cese de la relación laboral se ha producido por voluntad del trabajador al rechazar una prórroga propuesta por la empresa, no concediendo a la trabajadora la prestación por desempleo al no encontrarse en situación legal para el acceso a la misma.

Caso práctico | Prestación por desempleo de trabajador cuya empresa no ha cotizado

PLANTEAMIENTO

Un trabajador al que la empresa le ha comunicado que le van a realizar una baja por despido debido a la situación económica en la que se encuentran, con deudas con SS.SS., Hacienda y numerosos proveedores. Esto ha supuesto un embargo de bienes y cierre del centro de trabajo.

Al consultar en la SS.SS. nos indican que el trabajador aún continúa de alta, pero que la empresa lleva un par de años sin pagar las cuotas y varios meses sin tan siquiera presentar los seguros sociales, por lo que no constan bases de cotización en el fichero del trabajador desde el mes de mayo de 2023.

El trabajador ha estado trabajando hasta el día en que al llegar se encontró con el centro cerrado.

Entendemos que tendría derecho a la prestación, ya que la situación es ajena a su voluntad, él ha estado acudiendo a su puesto hasta el último momento e incluso le deben salarios; en este momento no percibe nada, ni de la empresa a la que no se puede localizar, ni puede solicitar la prestación al constar aun de alta.

¿Cómo debe proceder para que el trabajador pueda solicitar la prestación de desempleo, dado que no existen datos de las cotizaciones y la empresa no va a facilitar ningún certificado?

RESPUESTA

En esto casos, la falta de cotización —o infracotización— supone la obligación de la empresa de pagar la prestación, a pesar de que corresponda al SPEE adelantar el pago de la prestación y posteriormente exigir a la empresa el pago de lo anticipado.

A efectos prácticos el SPEE solicitará el **certificado de empresa del trabajador para conceder la prestación por desempleo** (sin ese certificado no puede tener acceso a la prestación), si la empresa no lo proporciona supondrá el primer problema. En este caso puede solicitarse directamente al SPEE o mediante DNI electrónico, certificado digital o clave de usuario en su web (Orden TIN/790/2010, de 24 de marzo).

El segundo problema aparecería **si la empresa lo hubiese dado de baja con anterioridad** (no es el caso). La persona trabajadora ha de encontrarse dada de alta como trabajador por cuenta ajena, con independencia de que no se hubiese cotizado por parte empresarial. En su caso, al estar de alta sería necesario solicitar la baja ante la TGSS a instancia del trabajador indicando como causa que origina la solicitud la «desaparición de la empresa».

El hecho de que la empresa no haya cotizado no va a conllevar que el trabajador pierda su derecho al desempleo ni la disminución de cantidades (se tendrá en cuenta la base reguladora que se hubiese tenido si se hubiese cotizado). La entidad gestora competente anticipará el pago de las prestaciones a sus beneficiarios, sin perjuicio de las acciones que pueda adoptar contra la empresa infractora y la responsabilidad que corresponda a ésta por las prestaciones abonadas. La **automati-**

cidad de las prestaciones puede ser plena, cuando el anticipo no se sujeta a ningún requisito, ni al alta en la Seguridad Social (accidentes y enfermedades profesionales, asistencia sanitaria por enfermedad común, maternidad y accidente no laboral, así como en las prestaciones por desempleo): o relativa, cuando el anticipo se encuentra condicionado al alta en la Seguridad Social (incapacidad temporal por contingencias comunes, jubilación, viudedad, orfandad e invalidez permanente derivada de enfermedad común). (arts. 165-166 y 281 de la Ley General de la Seguridad Social y STS, rec. 3600/2009, de 10 de noviembre de 2010, ECLI:ES:TS:2010:6533).

En esto casos, **la falta de cotización -o infracotización- supone la obligación de la empresa de pagar la prestación**, a pesar, recalcamos, que corresponda al SPEE adelantar el pago de la prestación y posteriormente exigir a la empresa el pago de lo anticipado.

En este caso:

- El SPEE ha de reconocer la prestación según las bases que correspondan. Si lo hiciese por la base mínima u otra distinta podrá reclamarse judicialmente.

- El SPEE ha de hacerse cargo de la prestación. Si no lo hiciese podrá reclamarse judicialmente.

En caso de no acceder a la prestación, corresponderá al juzgado de lo social determinar:

a) Cuál es la suma de todas las cotizaciones efectuadas.

b) Si la cantidad a satisfacer por la empresa durante el periodo de impago, ha sido ya cotizada y computada por el INSS a la hora de fijar la suma de cotizaciones efectuadas, o no, y fijar además cuál era su cuantía.

c) La cuantía de lo que correspondía cotizar a la empresa, y señalar si dicha cantidad ha sido ya cotizada y computada por el INSS o no. Y en su caso, cuál es la cantidad que no ha sido cotizada y cuál es la suma total de la cotización final resultante a computar por el INSS.

Caso práctico | Cálculo de la prestación por desempleo para un trabajador con cónyuge e hijo a cargo

PLANTEAMIENTO

Un trabajador comenzó su actividad el 1 de septiembre de 2021 a través de un contrato temporal. El 1 de septiembre de 2024 la empresa notifica la extinción del contrato. Solicita la prestación por desempleo al SPEE el 10 de septiembre de 2.024. No había cotizado con anterioridad. Nació el 17/01/1981. Está casado y con un hijo. La suma de las bases de cotización por desempleo del trabajador de los 180 días anteriores a la finalización del contrato es de 9.572,75 euros.

1. ¿Qué requisitos ha de cumplir para tener derecho a la prestación?
2. ¿Cuál será la cuantía de la prestación por desempleo?
3. ¿Cómo se calcularía la base reguladora de la prestación por desempleo?
4. ¿Cuál será la cuantía de la prestación?
5. ¿Qué topes máximos y mínimos se aplicarán?

RESPUESTA

Durante los primeros 180 días (6 meses), el trabajador tiene derecho a percibir el 70 por 100 de la base reguladora calculada según la base por contingencias profesionales de los 180 últimos días cotizados, y el 60 por 100 con posterioridad.

La cuantía para el año 2.024 de un prestacionista que tiene un hijo a cargo ha de estar comprendida entre 1.400 € (máxima) y de 749 € (mínima).

1. ¿Qué requisitos ha de cumplir para tener derecho a la prestación?

Junto al cumplimiento de las obligaciones de los solicitantes y beneficiarios de prestaciones por desempleo, para tener derecho a las prestaciones por desempleo se deberán reunir los siguientes **requisitos establecidos en lo arts. 266, 274 y 299 de la LGSS:**

   a) Estar afiliadas a la Seguridad Social y en situación de alta o asimilada al alta en los casos que reglamentariamente se determinen.

   b) Tener cubierto el período mínimo de cotización, dentro de los seis años anteriores a la situación legal de desempleo o al momento en que cesó la obligación de cotizar. Para el supuesto de que en el momento de la situación legal de desempleo se mantengan uno o varios contratos a tiempo parcial se tendrán en cuenta exclusivamente, a los solos efectos de cumplir el requisito de acceso a la prestación, los períodos de cotización en los trabajos en los que se haya perdido el empleo o se haya visto suspendido el contrato o reducida la jornada ordinaria de trabajo.

   c) Encontrarse en situación legal de desempleo, acreditar disponibilidad para buscar activamente empleo y para aceptar colocación adecuada a través de la suscripción del acuerdo de actividad al que se refiere el artículo 3 de la Ley 3/2023, de 28 de febrero, de Empleo.

d) No haber cumplido la edad ordinaria que se exija en cada caso para causar derecho a la pensión contributiva de jubilación, salvo que el trabajador no tuviera acreditado el período de cotización requerido para ello, o se trate de supuestos de suspensión de relaciones laborales o reducción de jornada autorizados por resolución administrativa. (STS, rec. 4499/2010, de 27 de septiembre de 2011, ECLI:ES:TS:2011:6772).

e) Estar inscrito como demandante de empleo en el servicio público de empleo competente.

2. ¿Cuál será la duración de la prestación por desempleo?

La duración de la prestación por desempleo estará en función de los períodos de ocupación cotizada en los seis años anteriores a la situación legal de desempleo o al momento en que cesó la obligación de cotizar, con arreglo a la escala establecida en el art. 269 de la LGSS.

Este trabajador tiene cotizados 3 años, por lo que será necesario pasar los días a años multiplicando por 365:

$$360 \times 3 = 1.080 \text{ días.}$$

Miramos en la tabla para comprobar los días que corresponden de prestación.

Período de cotización (en días)	Período de prestación (en días)
Desde 360 hasta 539	120
Desde 540 hasta 719	180
Desde 720 hasta 899	240
Desde 900 hasta 1.079	300
Desde 1.080 hasta 1.259	360
Desde 1.260 hasta 1.439	420
Desde 1.440 hasta 1.619	480
Desde 1.620 hasta 1.799	540
Desde 1.800 hasta 1.979	600
Desde 1.980 hasta 2.159	660
Desde 2.160	720

Le corresponde una prestación de **360 días**.

3. ¿Cómo se calcularía la base reguladora de la prestación por desempleo?

La **base reguladora** de la prestación por desempleo se calculará dividiendo las cotizaciones efectuadas por desempleo en los 180 días anteriores a la situación legal de desempleo entre 180 (art. 270.1 de la LGSS). Para el cálculo de la base reguladora se excluirá la retribución por horas extraordinarias.

La suma de las bases de cotización por desempleo del trabajador de los 180 días anteriores al hecho causante es de 9.572,75 euros. Luego la base reguladora será:

$$BR = 9.572,75 / 180 = 53,18 \text{ euros/día.}$$

4. ¿Cuál será la cuantía de la prestación?

La cuantía de la prestación se determinará aplicando a la base reguladora los siguientes porcentajes: el 70 por ciento durante los ciento ochenta primeros días y el 60 por ciento a partir del día ciento ochenta y uno (art. 270.2 de la LGSS):

Durante los **primeros 180 días (6 meses)**, el trabajador tiene derecho a percibir el **70 por 100 de la base reguladora:**

1 al 180 = 53,18 x 70 % = **37,22 euros/día.**

37,22 x 180 = **6.700 euros en total.**

6.700 / 6 = **1.16,67 euros/mes.**

- A partir de los **181 días en adelante**, el trabajador percibirá el **60 por 100 de la base reguladora:**

181 en adelante = 53,18 x 60 % = **31,90 euros/día.**

31,90 x 180 = **5.743,44 euros en total.**

5.743,44 / 6 = **957,24 euros/mes.**

Total prestación económica por desempleo: 6.700 + 5.743,44 = 12.443,44 euros.

5. ¿Qué topes máximos y mínimos se aplicarán?

A pesar de estos porcentajes anteriores, la prestación por desempleo estará limitada a unas cuantías mínimas y máximas conforme al IPREM incrementado en una sextava parte y de sí se tiene o no, hijos a cargo.

Se considerarán hijos a cargo aquellos menores de 26 años (o mayores con una discapacidad igual o superior al 33 por 100), que carezcan de rentas en cuantía igual o superior al Salario Mínimo Profesional, excluida la parte proporcional de pagas extraordinarias, y convivan con el beneficiario.

En el supuesto planteado las prestaciones se encuentran entre el mínimo (749) y el máximo (1.400 euros) con hijo a cargo para el año 2024.

CUANTÍA	180 primeros días	70 % BR.
	Resto de la prestación	60 % BR.
..	..	€/mes x 12

TOPES	**MÍNIMO**	Sin hijos a cargo	80 por 100 IPREM Incrementado en 1/6 parte	560
		Con hijos a cargo	107 por 100 IPREM Incrementado en 1/6 parte	749
	MÁXIMO	Sin hijos a cargo	175 por 100 IPREM Incrementado en 1/6 parte	1.225
		1 hijo a cargo	200 por 100 IPREM Incrementado en 1/6 parte	1.400
		2 hijos o más a cargo	225 por 100 IPREM Incrementado en 1/6 parte	1.575
	PÉRDIDA DE UN TRABAJO A TIEMPO PARCIAL	El tope máximo y mínimo de la prestación se calculará aplicando a los topes máximos y mínimos establecidos el mismo porcentaje que suponga la jornada realizada sobre la habitual de la empresa.		
Retención para IRPF y cotización durante la prestación por desempleo	**IRPF**	Según la normativa fiscal de aplicación y el importe de la cuantía de la prestación por desempleo en el año.		
	SEGURIDAD SOCIAL	La cuota del trabajador es el resultado de aplicar el 4,70 % a la base reguladora de la prestación por desempleo.		

Caso práctico | ¿Qué sucede si la empresa se niega a entregar el certificado de empresa para demostrar la situación legal de desempleo?

PLANTEAMIENTO

¿Qué sucede si la empresa se niega a entregar el certificado de empresa para demostrar la situación legal de desempleo de la persona trabajadora?

RESPUESTA

Si la empresa se niega a entregar el certificado de empresa necesario para demostrar la situación legal de desempleo, estaría incumpliendo con su obligación legal. Según el art. 27 del Real Decreto 625/1985, de 2 de abril y el 298.c) de la LGSS, los empresarios y las Administraciones Públicas están obligados a facilitar a los trabajadores el certificado de empresa en el plazo de diez días, contando desde el día siguiente al que se encuentren en situación legal de desempleo.

En caso de que la empresa no cumpla con esta obligación, el trabajador puede presentar una queja ante el Servicio Público de Empleo Estatal (SPEE), para que éste inste a la empresa a cumplir con su deber de entrega del certificado. Además, podría iniciarse un procedimiento sancionador contra la empresa por parte de la Inspección de Trabajo y Seguridad Social, ya que esta acción supondría una infracción grave del empresario en el art. 22 de la LISOS.

Caso práctico | Prestación por nacimiento y cuidado del menor y desempleo

PLANTEAMIENTO

Un trabajador prevé la extinción de su contrato antes del nacimiento de su hijo o poco después del mismo, ante lo cual se le plantean las siguientes dudas:

1. ¿Se puede seguir percibiendo la prestación de paternidad si se extingue el contrato de trabajo?

2. ¿Si la paternidad se inicia estando en desempleo y percibiendo esta prestación, se puede percibir prestación por paternidad?

3. ¿Qué sucedería en el supuesto de que no se extinga su contrato y el trabajador se reincorpore al trabajo con anterioridad al cumplimiento del plazo máximo de duración del período de descanso por paternidad?

RESPUESTA

1. ¿Se puede seguir percibiendo la prestación por nacimiento y cuidado de menor si se extingue el contrato de trabajo?

Si el trabajador se encuentre en situación de nacimiento, adopción, guarda con fines de adopción o acogimiento y durante dicha situación se extingue su contrato de trabajo, de acuerdo con lo establecido en el art. 284.1 de la LGSS, **continuará percibiendo la prestación hasta que se extinga dicha situación, pasando entonces a la situación legal de desempleo** y a percibir, si reúne los requisitos necesarios, la correspondiente prestación. En este supuesto, no se descontará del periodo de percepción de la prestación por desempleo de nivel contributivo el tiempo que hubiera permanecido en situación de paternidad.

2. Si la paternidad se inicia estando en desempleo, ¿se percibe prestación por nacimiento y cuidado de menor?

Cuando el trabajador esté percibiendo la prestación por desempleo total y pase a la situación de nacimiento, adopción, guarda con fines de adopción o acogimiento percibirá la prestación por estas últimas contingencias en la cuantía que corresponda

En este supuesto se le suspenderá la prestación por desempleo y la cotización a la Seguridad Social [art. 265.1.a).2.º de la LGSS] y pasará a percibir la prestación correspondiente a su situación, gestionada directamente por su entidad gestora. Una vez extinguida esta, se reanudará la prestación por desempleo [art. 271.4.b) de la LGSS] por la duración que restaba por percibir y la cuantía que correspondía en el momento de la suspensión.

3. ¿Qué sucedería en el supuesto de que no se extinga su contrato y el trabajador se reincorpore al trabajo con anterioridad al cumplimiento del plazo máximo de duración del período de descanso por nacimiento y cuidado de menor?

No hay disposición legal o reglamentaria que concrete este supuesto.

El art. 271.1.b) de la LGSS establece la suspensión de la prestación por desempleo durante la situación de nacimiento, adopción, guarda con fines de adopción o acogimiento, en los términos previstos en el art. 284 del mismo texto legal. De esta forma, si el trabajador beneficiario de la prestación se reincorpora voluntariamente al trabajo con anterioridad al cumplimiento del plazo máximo de duración del período de descanso por nacimiento y cuidado de menor, **se produce la extinción de la prestación**. (art. 265, 271.1.b) y 284 de la Ley General de la Seguridad Social). No obstante, como ha establecido la STSJ de Castilla y León, rec. 706/2023, de 1 de febrero de 2024, rec. 706/2023, ECLI:ES:TSJCL:2024:233, hemos de tener en cuenta que el permiso de por nacimiento y cuidado del menor no necesita ser disfrutado de manera ininterrumpida durante las 16 semanas iniciales, sino que este requisito se aplica únicamente a las primeras 6 semanas postnatales. Es decir, salvo criterio restrictivo por parte de la entidad gestora, las 10 semanas restantes podrían ser solicitadas y disfrutadas de manera flexible, ya sea de forma acumulada o con interrupciones, siempre y cuando se realicen en periodos semanales antes de que el menor cumpla 12 meses (arts. 26.3, 26.8, 30.1 y 27.2 del Real Decreto 295/2009, de 6 de marzo).

Caso práctico | Prestación de desempleo tras ser autónomo

PLANTEAMIENTO

Una trabajadora ha prestado servicios por cuenta ajena durante más de ocho años hasta que fue despedida percibiendo prestación contributiva por desempleo durante dos meses. No obstante, con posterioridad, dándose de alta en el RETA como autónoma, prestó servicios durante dos años como trabajadora por cuenta propia. Tras ese periodo pretende solicitar la reanudación de la prestación por desempleo.

¿Es correcto? ¿Puede un trabajador retomar la prestación por desempleo tras haber realizado actividad laboral como autónomo?

RESPUESTA

La trabajadora prestó servicios por cuenta ajena por un periodo inferior a 60 meses — tratándose de un alta inicial en el RETA— por lo que su prestación por desempleo — sin que conste en el supuesto planteado que se ha compatibilizado con su trabajo como autónomo— permanece suspendida y podrá solicitarla.

Atendiendo a la redacción del **art. 271.1.d) de la LGSS, con efectos de 23/05/2024,** el derecho a la percepción de la prestación por desempleo se suspenderá por la entidad gestora mientras el titular del derecho realice un trabajo por cuenta ajena, a tiempo completo o a tiempo parcial, de duración inferior a doce meses (salvo en los supuestos y durante el periodo máximo previstos en el art. 282.2 y 3 de la LGSS) o mientras el titular del derecho realice un trabajo por cuenta propia de duración inferior a sesenta meses en el supuesto de trabajadores por cuenta propia que causen alta en el Régimen Especial de la Seguridad Social de los Trabajadores por Cuenta Propia o Autónomos o en el Régimen Especial de la Seguridad Social de los Trabajadores del Mar, o a veinticuatro meses, en el caso de actividades con alta en alguna mutualidad de previsión social alternativa al Régimen Especial de la Seguridad Social de los Trabajadores por Cuenta Propia o Autónomos.

Es decir, como en el supuesto planteado se había obtenido la prestación por desempleo tras el cese como persona trabajadora por cuenta ajena y posteriormente la prestación fue suspendida para establecerte como autónomo por menos de sesenta meses, el trabajador por cuenta propia podrá reanudar la prestación por desempleo cuando ceses en dicha actividad.

Caso práctico | Prestación por desempleo y reclamación contra despido

PLANTEAMIENTO

En caso de despido:

¿El trabajador tendrá derecho a percibir la prestación por desempleo desde el día en que el empresario decida extinguir la relación laboral?

¿El trabajador debe impugnar el despido para poder solicitar el paro?

¿Qué sucede si el empresario opta por la readmisión tras la declaración del despido como improcedente?

RESPUESTA

En casos de readmisión tras un despido improcedente, la empresa debe abonar los salarios no percibidos desde el despido hasta la notificación de la sentencia, cotizar a la Seguridad Social por este periodo, y gestionar la devolución de prestaciones por desempleo percibidas indebidamente al SPEE. Si las prestaciones superan los salarios de tramitación, el excedente se reclama al trabajador.

Cuando un juzgado declara un despido como improcedente y la empresa opta por la readmisión del empleado, se desencadenan una serie de obligaciones financieras y administrativas tanto para la empresa como para el trabajador. La legislación laboral española, en su esfuerzo por proteger los derechos de los trabajadores, establece un marco claro para el manejo de estas situaciones.

Tras la decisión de readmisión, la empresa tiene un plazo de cinco días desde la notificación de la sentencia para iniciar el proceso. Este proceso incluye el abono de los salarios que el trabajador ha dejado de percibir desde la fecha del despido hasta la notificación de la sentencia. La cantidad exacta de estos salarios de tramitación será determinada por la sentencia que declare la nulidad o improcedencia del despido.

Además, la empresa está obligada a solicitar el alta del trabajador en la Seguridad Social desde la fecha del despido inicial y a cotizar por el periodo correspondiente. Esto asegura que el trabajador no sufra perjuicios en sus derechos de seguridad social debido al despido improcedente.

En cuanto a las prestaciones por desempleo que el trabajador haya podido recibir durante el periodo de despido, estas se considerarán indebidamente percibidas, ya que el despido ha sido declarado improcedente y el trabajador es readmitido. La empresa tiene la responsabilidad de ingresar estas cantidades al Servicio Público de Empleo Estatal (SPEE), restándolas de los salarios de tramitación que debe al trabajador, hasta el límite de estos salarios.

Si la empresa deposita en el juzgado los salarios pendientes sin haber deducido las prestaciones por desempleo indebidamente percibidas, el SPEE procederá a reclamar la devolución de estas prestaciones directamente al trabajador. En el caso de que la cantidad recibida en concepto de prestación por desempleo supere los salarios de tramitación, la diferencia será reclamada al trabajador.

Caso práctico | Derecho a prestación por desempleo en caso de despido disciplinario

PLANTEAMIENTO

¿Una persona trabajadora tiene derecho a desempleo cuando ha sido despedida disciplinariamente por disminución continuada en el rendimiento de trabajo?

RESPUESTA

Con independencia del tipo de despido, incluido el disciplinario, existe derecho a percibir la prestación por desempleo. El SPEE solo solicitará la carta de despido (disciplinario) y el certificado de empresa para la acreditación de la situación legal de desempleo del trabajador.

En caso de despido disciplinario:

- La empresa no tiene obligación de abonar a la persona trabajadora ningún tipo de indemnización económica.

- Si cumplen los requisitos exigidos para el acceso a la prestación la persona trabajadora podrá acceder a la prestación por desempleo.

En la práctica, el SPEE solo solicitará la carta de despido (disciplinario) y el certificado de empresa para cobrar el paro sin ser necesario accionar ante el Juzgado de lo Social demanda frente al despido, ni que el mismo fuese calificado como procedente, improcedente o nulo por resolución judicial (arts. 266-267 de la LGSS).

No obstante, ante este tipo de despidos y la existencia de posibles acuerdos fraudulentos, el Servicio Público de Empleo **suele incrementar los controles**, pudiendo solicitar documentación adicional sobre el cese de la relación laboral o una investigación a la Inspección de Trabajo.

Del mismo modo, una reclamación judicial de improcedencia permitiría igualmente acceder a la prestación, modificándose vía resolución del Organismo Gestor de la prestación de desempleo si fuera necesario en función del fallo judicial la prestación.

Caso práctico | Cálculo de las cuantías máximas de prestación por desempleo en caso de pérdida de trabajo a tiempo parcial

PLANTEAMIENTO

Una trabajadora presta servicios para la empresa en una relación contractual indefinida a tiempo parcial, que una vez extinguida genera el reconocimiento de una prestación contributiva por desempleo de 420 días de duración —correspondiente a 1.321 días cotizados sobre una actividad a tiempo parcial de 3 días semanales (60 % de la jornada normal)—, con una base reguladora (BR) de 35 € diarios, que resulta ser el promedio de lo cotizado en los últimos 180 días de trabajo, todos a tiempo parcial. La trabajadora no tiene hijos.

¿Cuál sería la cuantía de prestación por desempleo en caso de pérdida de trabajo a tiempo parcial?

RESPUESTA

El art. 270 de la LGSS establece:

> «En caso de desempleo por pérdida de empleo a tiempo parcial o a tiempo completo, las cuantías máximas y mínimas de la prestación, contempladas en los párrafos anteriores, se determinarán teniendo en cuenta el indicador público de rentas de efectos múltiples calculado en función del promedio de las horas trabajadas durante el período de los últimos 180 días, a que se refiere el apartado 1, ponderándose tal promedio en relación con los días en cada empleo a tiempo parcial o completo durante dicho período».

Analizaremos de forma práctica el cálculo de las cuantías máximas de prestación por desempleo en caso de pérdida de trabajo a tiempo parcial tomando como base la STS n.º 1118/2016, de 27 de diciembre 2016, ECLI:ES:TS:2016:5745 y la STS, rec. 2382/2014 de 20 de mayo de 2015, ECLI:ES:TS:2015:2823.

El Alto Tribunal [matizando que «la redacción del precepto exige una lectura reposada para su entendimiento» en referencia al art. 211 de la LGSS/1994 del que deriva el actual 270.3 de la LGSS/2015], aclara que, para los casos de contratos a tiempo parcial o mixtos, habrá que establecerse el índice de temporalidad de los últimos 180 días trabajados **para proyectarlos únicamente sobre el cálculo del IPREM aplicable, y después observar si se rebasan los topes previstos**, de forma que no se trata de aplicar ese índice sobre la base reguladora, lo que implicaría una doble reducción (la del número 2 del 70 % para los primeros 180 días y del 60 % para el resto, y sobre ella el 60 % —en el caso analizado— de índice de temporalidad correspondiente a los 180 últimos días cotizados), sino de «observar esos topes máximos en función de los periodos, los tiempos cotizados».

En consecuencia, el **importe del tope máximo de la prestación vendría determinado**:

- Cálculo del IPREM «en función del promedio de horas trabajadas durante el periodo de los últimos 180 días».

- Sobre el IPREM más 1/6 habrá de aplicarse el porcentaje de reducción de jornada para obtener, a efectos del art. 270.3 de la LGSS, la cantidad como valor específico del IPREM.

- Analizar si el tope máximo se encuentra por debajo de la cantidad que le correspondería desde su base reguladora diaria y sobre el 70 o el 60 % a que se refiere el art. 270.2 de la LGSS.

Atendiendo al **ejemplo expuesto**:

Siguiendo la interpretación de la STS n.º 1118/2016, de 27 de diciembre y el art. 270 de la LGSS, para el cálculo de la prestación hemos de seguir dos pasos:

1.- Cálculo del IPREM para establecer si se encuentra entre los topes máximo y mínimo

IPREM 2024 más 1/6 = [20 euros/día + 1/6 IPREM] = 23,34 euros diarios.

Sobre esa cifra habrá de aplicarse el porcentaje de reducción de jornada del 60 % para obtener, a efectos del art. 270.3 de la LGSS, la cantidad de 14 euros (23,34 x 60 %) como valor específico del IPREM. Para analizar después si el tope máximo se encuentra por debajo de la cantidad que le correspondería a la trabajadora desde su base reguladora de 35 euros diarios y sobre el 70 o el 60 % a que se refiere el art. 270.2 de la LGSS.

2.- Cuantía de la prestación

El tope máximo de la prestación será (por no tener hijos a cargo el 175 por 100 IPREM Incrementado en 1/6 parte).

El tope mínimo de la prestación será (por no tener hijos a cargo el 80 por 100 IPREM Incrementado en 1/6 parte):

- 14 euros diarios x 175 % IPREM incrementado en 1/6 parte= 24,50 euros/día de tope máximo.

- 14 euros diarios x 100 % IPREM incrementado en 1/6 parte= 14 euros/día de tope máximo.

La cantidad que corresponde de prestación en función de la BR sería entonces:

- 35 euros diarios x 70 % = 24,50 euros/día de prestación según la BR para los primeros 180 días.

- 35 euros diarios x 60 % = 21 euros/día de prestación según la BR para el resto.

Dado que las cantidades se encuentran entre el tope máximo y mínimo establecido se aplicarán.

ANEXO II.
FORMULARIOS

Modelo de solicitud de reanudación de la prestación por desempleo

AL SERVICIO PÚBLICO DE EMPLEO ESTATAL

DELEGACIÓN PROVINCIAL DE [PROVINCIA]

D./D.ª [NOMBRE], mayor de edad, con DNI n.º [DNI], con domicilio en [DOMICILIO], ante esa Oficina de empleo comparece y como mejor proceda en derecho

DICE

PRIMERO.- Con fecha de [FECHA], he sido requerido, por parte de esta entidad gestora, para la renovación de la demanda de empleo en la forma y fechas en que en la misma se determinan, una vez decretada la suspensión de prestación contributiva por desempleo concedida con efectos del [FECHA] hasta el cumplimiento de constar inscrito como demandante de empleo. (1)

SEGUNDO.- La falta de renovación de la demanda de empleo en tiempo y forma se debió a [DESCRIPCIÓN], siendo subsanada con fecha de [FECHA] mediante [DESCRIPCIÓN].

TERCERO.- Al amparo del art. 271.3.a) del texto refundido de la Ley General de la Seguridad Social, la prestación por desempleo se reanudará, de oficio por la entidad gestora. (2)

CUARTO.- No procede el mantenimiento de la suspensión de la prestación por ninguna otra causa previstas en la norma reguladora.

En virtud de lo expuesto,

SOLICITO A ESTA DELEGACIÓN PROVINCIAL DEL SERVICIO PÚBLICO DE EMPLEO ESTATAL:

Que, teniendo por presentado este escrito, con su copia, se sirva admitirlo y, en su virtud, tenga por solicitada la finalización de la suspensión de la prestación al constar, a los efectos legales oportunos, nuevamente inscrito como demandante de empleo desde el [FECHA]. Correspondiendo la reanudación de la prestación inicialmente reconocida con efectos del indicado día.

En [LOCALIDAD], a [DÍA] de [MES] de [AÑO].

[FIRMA]

El/La interesado/a

---

(1) Si finalizado el período de suspensión por sanción, el beneficiario de prestaciones no se encontrará inscrito como demandante de empleo o mantuviera suspendido el acuerdo de actividad, la reanudación de la prestación requerirá la previa acreditación de dicha inscrip-

ción y de la reactivación del acuerdo de actividad por parte del beneficiario, ante la entidad gestora, mediante cualquier medio válido en derecho.

(2) La prestación por desempleo se reanudará de oficio por la entidad gestora, siempre que el período de derecho no se encuentre agotado [271.1.a) y 3.a) de la LGSS].

Solicitud al SPEE de desistimiento o renuncia del derecho a prestación por desempleo en la modalidad de pago único

AL SERVICIO PÚBLICO DE EMPLEO

DELEGACIÓN PROVINCIAL DE [PROVINCIA]

D./D.ª [NOMBRE], mayor de edad, en posesión del DNI n.º [DNI], con domicilio en [DOMICILIO], y número de inscripción a la Seguridad Social [NÚM_SEG_SOCIAL_TRABAJADOR], ante VI comparece y,

DICE

PRIMERO.- Que en base a [DESCRIPCIÓN] (1), he decidido [SELECCIONAR OPCIÓN]:

- Desistir de la prestación por desempleo en su modalidad de pago único presenta el pasado [FECHA], al amparo del programa de fomento del empleo aprobado mediante: [NORMATIVA]

- Renunciar desde el [FECHA] al derecho a:

  – abono por una sola vez el valor importe, total o parcial, de la prestación por desempleo de nivel contributivo a que tenga derecho en virtud de Resolución núm. [NÚMERO] de fecha [FECHA].

  – abono a través de pagos parciales del importe de la prestación por desempleo de nivel contributivo a que tenga derecho para subvencionar la cotización como autónomo a la Seguridad Social en virtud de Resolución núm. [NÚMERO] de fecha [FECHA].

SEGUNDO.- Que [SELECCIONAR OPCIÓN]:

- DESISTO de la prestación antes de notificación de la resolución por parte de la Entidad Gestora.

- RENUNCIO a la prestación por desempleo al amparo del art. 272 del Real Decreto Legislativo 8/2015, de 30 de octubre, por el que se aprueba el texto refundido de la Ley General de la Seguridad Social.

TERCERO.- Que la entidad gestora deberá dictar resolución motivada, reconociendo o denegando el derecho a [DESISTIR/RENUNCIAR] a las prestaciones por desempleo, en el plazo de los quince días siguientes a la fecha en que se ha formulado esta solicitud en tiempo y forma. (2)

En virtud de lo expuesto,

SOLICITO A ESTA DELEGACIÓN PROVINCIAL DEL SPEE:

Que, teniendo por presentado este escrito, con su copia, se sirva admitirlo y, en su virtud, tenga por solicitado/a el/la [DESISTIMIENTO/RENUNCIA] a la prestación por desempleo en su modalidad de pago único.

En [LOCALIDAD], a [DÍA] de [MES] del [AÑO].

[FIRMA]

---

(1) Consignar motivos para el desistimiento o renuncia.

(2) En los procedimientos iniciados a solicitud de los interesados, una vez transcurrido el plazo máximo para dictar resolución y notificarla fijado por la norma reguladora del procedimiento de que se trate sin que haya recaído resolución expresa, se entenderá desestimada la petición por silencio administrativo (art. 129 de la LGSS).

Modelo de reclamación administrativa previa para la impugnación de base reguladora de prestación por desempleo

A LA DIRECCIÓN PROVINCIAL DEL SERVICIO PÚBLICO DE EMPLEO DE [PROVINCIA]

D./D.ª [NOMBRE_TRABAJADOR_A], mayor de edad, con DNI n.º [DNI_TRABAJADOR], afiliado a la Seguridad Social n.º [NÚM_SEG_SOCIAL_TRABAJADOR] y domicilio a efectos de notificación en [DOMICILIO_TRABAJADOR], ante esa DIRECCIÓN PROVINCIAL DEL SERVICIO PÚBLICO DE EMPLEO de [PROVINCIA] comparezco y

EXPONGO

Que, con fecha [DÍA] de [MES] de [AÑO], recibo la notificación de la resolución dictada por este organismo el día [DÍA] de [MES] de [AÑO], en expediente n.º [NÚMERO], por la que se me reconoce la prestación económica por desempleo en cuantía sensiblemente inferior a la que me corresponde; y estimándola no ajustada a derecho y lesiva para mis intereses, interpongo **RECLAMACIÓN ADMINISTRATIVA PREVIA** a la vía jurisdiccional social, de conformidad con el artículo 71 de la Ley de Jurisdicción Social y en base a los siguientes

MOTIVOS

PRIMERO.- La resolución impugnada me reconoce la prestación por desempleo desde el día [DÍA] de [MES] de [AÑO] hasta el día [DÍA] de [MES] de [AÑO], con arreglo a una base reguladora diaria de [CANTIDAD] euros.

SEGUNDO.- La citada base reguladora no se ajusta a la realidad de las cotizaciones efectuadas durante los 180 días precedentes a la situación de desempleo, de acuerdo con el artículo 270 de la Ley General de la Seguridad Social, y que ascendieron a [CANTIDAD] de euros. Circunstancia ésta que queda acreditada por los recibos de salarios que se acompañan como documentos [DOCUMENTO]

TERCERO.- Dividiendo la referida cuantía por 180 días se obtiene una base reguladora diaria de [CANTIDAD] euros, cantidad ésta, sensiblemente superior a la que se me reconoce.

Por lo expuesto,

SOLICITO A ESTA DIRECCIÓN PROVINCIAL DEL SERVICIO PÚBLICO DE EMPLEO:

Que habiendo presentado en tiempo y forma el presente escrito, tenga por interpuesta reclamación previa contra el acuerdo resolutorio de fecha [DÍA] de [MES] de [AÑO] y en su virtud, dicte nueva resolución por la que establezca como base reguladora de la prestación por desempleo la de [CANTIDAD] euros diarios, en vez que las [CANTIDAD] euros antes reconocidas, disponiendo asimismo el abono de las diferencias de prestación que tal modificación produzca, por ser todo ello conforme a justicia y derecho.

En [PROVINCIA], a [DÍA] de [MES] de [AÑO].

[FIRMA]

Reclamación previa al SPEE ante extinción o suspensión de la prestación por desempleo por falta de renovación de la demanda de empleo

AL SERVICIO PÚBLICO DE EMPLEO ESTATAL

DIRECTOR PROVINCIAL DE [PROVINCIA]

D./D.ª [NOMBRE_CLIENTE], mayor de edad, con DNI n.º [DNI], n.º de afiliación a Seguridad Social [NÚMERO SEGURIDAD SOCIAL] y domicilio en la calle [DOMICILIO CLIENTE], ante VI. comparece y,

DICE

Que en fecha [DÍA] de [MES] de [AÑO] me ha sido notificada la resolución dictada en fecha [DÍA] de [MES] de [AÑO], por el Servicio al que me dirijo, expediente n.º [NÚMERO], en relación a el expediente de sanción por la falta de renovación/sello de la demanda de empleo que debía haber realizado con fecha de [DÍA] de [MES] de [AÑO]. (Se adjunta copia de esta resolución como documento n.º 1).

Entendiendo que dicha resolución es contraria a los derechos que legalmente me corresponden, mediante el presente escrito, y dentro del plazo establecido, formulo **RECLAMACIÓN PREVIA** a la vía judicial. Y ello en base a los siguientes,

HECHOS

PRIMERO.- En la resolución que impugno se me sanciona con [NÚMERO] (1) meses de prestación y la pérdida de mi antigüedad como demandante de empleo por falta de renovación de la demanda de empleo en la forma y fechas en que se determine en el documento de renovación de la misma al amparo del art. 299.c) del Real Decreto Legislativo 8/2015, de 30 de octubre, por el que se aprueba el texto refundido de la Ley General de la Seguridad Social.

SEGUNDO.- Que, admitiendo la falta de renovación de la demanda de empleo en la forma y fechas en que se determine en el documento, me resultó imposible acudir en la fecha programada por el SPEE dado que [ESPECIFICAR] (2). Por tanto, me resultó imposible acudir a la oficina del citado organismo.

Que así puede constatarse fácilmente por [ESPECIFICAR]. (3)

(Se aporta como documento n.º 2 copia de los documentos de cotización de los últimos seis meses, acreditativa de lo expuesto).

Por todo ello,

SOLICITO:

Que teniendo por presentado este escrito dentro de los plazos legales junto con sus copias, y documentación que se acompaña, sea admitido, y en su virtud, se tenga por interpuesta reclamación previa contra la Resolución del SERVICIO PÚBLICO DE EMPLEO ESTATAL DE [PROVINCIA] De fecha [DÍA] de [MES] de [AÑO] y, en mérito a su contenido, se proceda a dictar nueva resolución, que revocando la anterior, venga a reconocerme el derecho a percibir la prestación contributiva correspondiente al periodo de [PLAZO].

En [PROVINCIA], a [DÍA] de [MES] de [AÑO].

[FIRMAS]

---

(1) Conforme la normativa de Infracciones y Sanciones en el Orden Social, no cumplir las exigencias del acuerdo de actividad, salvo causa debidamente justificada o de fuerza mayor, siempre que la conducta no esté tipificada como otra infracción leve o grave supone una infracción leve que puede ser objeto de la sanción de suspensión de un mes en la prestación por desempleo [art. 47.1 de la LISOS].

(2) Indique los hechos que motivan la falta de reclamación. A modo de ejemplo: «me encontraba enfermo a causa de (...)»; «acudí a un proceso de selección de personal» o «acciones de formación»; «tuve que cumplir con un deber público inexcusable»; «olvido causado por su estado de depresión y ansiedad y a los fármacos que toma» (STSJ de Baleares n.º 130/2014, de 31 de marzo de 2014, ECLI:ES:TSJBAL:2014:388)»; «embarazo con riesgo que me impedía acudir a la oficina del SEPE», etc.

(3) A modo de ejemplo: «certificado de baja médica oficial de su médico de la Seguridad Social»; «certificado sellado y firmado por la entidad que imparte curso formativo/justificante del deber público inexcusable».

Reclamación previa sobre extinción o suspensión de la prestación por desempleo por salida al extranjero

A LA DIRECCIÓN PROVINCIAL DE PRESTACIONES DE [PROVINCIA]
DEL SERVICIO PÚBLICO DE EMPLEO ESTATAL (1)

D/D.ª [NOMBRE] mayor de edad, con domicilio a efectos de notificaciones en [DIRECCIÓN] titular del DNI/NIE número [DNI] y afiliado al Sistema de la Seguridad Social con el número [NÚM SEG SOCIAL], ante la Dirección Provincial de Prestaciones de [PROVINCIA] comparezco y, como mejor en derecho proceda,

DIGO

Que el día [FECHA] me ha sido notificada Resolución de fecha [FECHA] de esa Dirección Provincial, dictada en expediente administrativo número [NÚM EXPEDIENTE] por la que se dispone que se [EXTINGUE/SUSPENDE] mi prestación por desempleo por el viaje a [ESPECIFICAR] que realice por motivos [ESPECIFICAR] y concretamente se alude [ESPECIFICAR MOTIVOS DE SUSPENSIÓN/EXTINCIÓN], y que adjunto como doc. n.º 1.

Que, por medio del presente escrito, dentro del plazo de los treinta días hábiles siguientes al de su notificación y en forma, interpongo contra la misma **RECLAMACIÓN ADMINISTRATIVA PREVIA** con fundamento en las siguientes:

ALEGACIONES (2) (3)

PRIMERA.- [ESPECIFICAR]. (4)

SEGUNDA.- [ESPECIFICAR].

Por todo lo expuesto,

SOLICITO:

Que, por presentado este escrito en unión de la documentación que al mismo se acompaña, se sirva admitirlo, tenga por interpuesta RECLAMACIÓN PREVIA contra Resolución de fecha [FECHA], recaída en expediente número [NÚM_EXPEDIENTE], y dicte nueva resolución estimatoria por la que, anulando y dejando sin efecto la impugnada, me reconozca la prestación de [ESPECIFICAR] y, en su caso, en la cuantía de [CANTIDAD] euros.

Acompaño a este escrito los siguientes documentos, con el ruego de devolución de los originales, compulsados que lo sean para su constancia en el expediente administrativo:

I.- [ESPECIFICAR]. (5)

II.- [ESPECIFICAR].

En [LOCALIDAD], a [DÍA] de [MES] de [AÑO].

[FIRMA]

(1) Será requisito necesario para formular demanda en materia de prestaciones de Seguridad Social, que los interesados interpongan reclamación previa ante la Entidad gestora de las mismas.

(2) La Ley General de la Seguridad Social, en cuanto a establecer que el derecho a la percepción de la prestación por desempleo se extinguirá por traslado de residencia o estancia en el extranjero, salvo en los supuestos que sean causa de suspensión:

I.- En los supuestos de traslado de residencia al extranjero en los que el beneficiario declare que es para la búsqueda o realización de trabajo, perfeccionamiento profesional o cooperación internacional, por un período continuado inferior a doce meses, siempre que la salida al extranjero esté previamente comunicada y autorizada por la entidad gestora, sin perjuicio de la aplicación de lo previsto sobre la exportación de las prestaciones en las normas de la Unión Europea.

II.-En los supuestos de estancia en el extranjero por un período, continuado o no, de hasta noventa días naturales como máximo durante cada año natural, siempre que la salida al extranjero esté previamente comunicada y autorizada por la entidad gestora.

No tendrá consideración de estancia ni de traslado de residencia la salida al extranjero por tiempo no superior a treinta días naturales por una sola vez cada año, sin perjuicio del cumplimiento de las obligaciones establecidas en el art. 299 de la LGSS.

(3) STS, rec. 4325/2011, de 18 de octubre de 2012, ECLI:ES:TS:2012:7817 y STS, rec. 4065/2010, de 22 de Noviembre de 2011, ES:TS:2011:8791. El Alto Tribunal estudia la incidencia de la ausencia del territorio nacional de los beneficiarios de prestaciones.- Requisito general de disponibilidad para el trabajo en el ámbito territorial de actuación de los servicios públicos de empleo españoles.- Delimitación del concepto de «traslado de residencia» a los efectos del letra f) art. 272 de la LGSS.- Alcance de las obligaciones de comunicación y documentación a cargo de los beneficiarios.- Período de libranza del art. 6.3 del Real Decreto 625/1985, de 2 de abril.- Cuadro de situaciones de prestación «mantenida», prestación «extinguida» y prestación «suspendida».- Solución del caso: prestación «suspendida» en el período de ausencia, que se reanuda en el momento de reintegrarse el beneficiario al territorio español.

(4) A modo de ej.: «La perceptora del desempleo viajó al extranjero con la intención de permanecer allí menos de 30 días, viéndose alterada esta situación por una circunstancia sobrevenida, como es el ingreso hospitalario que tuvo lugar en [PAÍS_EXTRANJERO], que se extendió durante aproximadamente [PERIODO], regresando tan solo [NÚMERO] días después del alta médica.

(5) A modo de ej.: «Justificante de hospitalización por el periodo comprendido entre el [FECHA] y el [FECHA].

Reclamación previa al SPEE de prestación por desempleo tras periodo de suspensión

AL SERVICIO PÚBLICO DE EMPLEO ESTATAL

DIRECTOR PROVINCIAL DE [PROVINCIA]

D./D.ª [NOMBRE_TRABAJADOR_A], mayor de edad, con DNI n.º [DNI], n.º de afiliación a Seguridad Social [NÚM_SEG_SOCIAL_TRABAJADOR] y domicilio en la calle [DOMICILIO_TRABAJADOR], ante VI. comparece, y

DICE

Que en fecha [DÍA] de [MES] de [AÑO] me ha sido notificada la resolución dictada en fecha [DÍA] de [MES] de [AÑO], por el Servicio al que me dirijo, expediente n.º [NÚMERO], en relación a la solicitud de prestación por desempleo de nivel contributivo generada durante el periodo de [DÍA] de [MES] de [AÑO] a la extinción de mi contrato con fecha [DÍA] de [MES] de [AÑO], sin haberse tenido en cuenta la suspensión de la prestación motivada por [ESPECIFICAR]. (Se adjunta copia de esta resolución como documento n.º 1). (1)

Entendiendo que dicha resolución es contraria a los derechos que legalmente me corresponden, mediante el presente escrito, y dentro del plazo establecido, formulo **RECLAMACIÓN PREVIA** a la vía judicial. Y ello en base a los siguientes,

HECHOS

PRIMERO.- En la resolución que impugno no se tiene en cuenta que [DESCRIPCIÓN]. (2)

SEGUNDO.- Que atendiendo a lo anterior me corresponde una prestación de desempleo de nivel contributivo de [CANTIDAD] euros, sobre una base reguladora de [PORCENTAJE] % promedio de las bases de cotización por desempleo de los últimos 180 días trabajados, excluidas las retribuciones percibidas en concepto de horas extraordinarias.

TERCERO.- La suspensión de la prestación contributiva por desempleo se realizó legalmente el [FECHA] bajo el apdo. d) del vigente art. 271 del Real Decreto Legislativo 8/2015, de 30 de octubre, por el que se aprueba el texto refundido de la Ley General de la Seguridad Social

Por todo ello,

SOLICITO:

Que teniendo por presentado este escrito dentro de los plazos legales junto con sus copias, y documentación que se acompaña, sea admitido, y en su virtud, se tenga por interpuesta reclamación previa contra la Resolución del SPEE de fecha [DÍA] de [MES] de [AÑO] y, en mérito a su contenido, se proceda a dictar nueva resolución, que revocando la anterior, venga a reconocerme el derecho a percibir la prestación contributiva correspondiente al periodo de [ESPECIFICAR].

En [PROVINCIA], a [DÍA] de [MES] de [AÑO].

[FIRMA]

---

(1) El derecho a la percepción de la prestación por desempleo se suspenderá por la entidad gestora mientras el titular del derecho realice un trabajo por cuenta ajena, a tiempo completo o a tiempo parcial, de duración inferior a doce meses, salvo en los supuestos y durante el periodo máximo previstos en el artículo 282.2 y 3 o mientras el titular del derecho realice un trabajo por cuenta propia de duración inferior a sesenta meses en el supuesto de trabajadores por cuenta propia que causen alta en el Régimen Especial de la Seguridad Social de los Trabajadores por Cuenta Propia o Autónomos o en el Régimen Especial de la Seguridad Social de los Trabajadores del Mar, o a veinticuatro meses, en el caso de actividades con alta en alguna mutualidad de previsión social alternativa al Régimen Especial de la Seguridad Social de los Trabajadores por Cuenta Propia o Autónomos [art. 271 d) de la LGSS].

(2) A modo de ej.: a) La realización de mi trabajo por cuenta ajena ha sido de duración inferior a doce meses, contados desde el inicio de la actividad para la empresa [NOMBRE_EMPRESA] el [DÍA] de [MES] de [AÑO] hasta su finalización el [DÍA] de [MES] de [AÑO];b) La realización trabajo por cuenta propia ha sido de duración inferior a sesenta meses causando alta en el Régimen Especial de la Seguridad Social de los Trabajadores por Cuenta Propia o Autónomos el [DÍA] de [MES] de [AÑO] hasta mi baja el [DÍA] de [MES] de [AÑO]. (se aporta como documento n.° 2 copia de los documentos de cotización de los últimos meses, acreditando lo expuesto).

Demanda de impugnación de base reguladora de prestación por desempleo

AL JUZGADO DE LO SOCIAL DE [PROVINCIA]

D./D.ª [NOMBRE ABOGADO CLIENTE] (1), [GRADUADO SOCIAL/ABOGADO], colegiado con el n.º [NÚMERO COLEGIADO ABOGADO CLIENTE], en nombre y representación de D./D.ª [NOMBRE_CLIENTE], mayor de edad, poseedor del DNI n.º [NIF_CIF_DNI_CLIENTE], y vecino de [LOCALIDAD], con domicilio en [DOMICILIO_CLIENTE], conforme se tiene acreditada por apoderamiento efectuado en el día de hoy, ante el Sr. secretario judicial, del juzgado al que nos dirigimos, ante el juzgado de lo social comparezco y como mejor proceda en Derecho,

DIGO

Que por medio del presente escrito vengo a interponer **DEMANDA DE IMPUGNACIÓN DE LA BASE REGULADORA DE PRESTACIONES POR DESEMPLEO** contra el Servicio Público de Empleo Estatal, con domicilio en [DOMICILIO], y contra la empresa [NOMBRE_EMPRESA], con domicilio en [DOMICILIO_SOCIAL], n.º [NÚMERO], demanda que apoyo en los siguientes,

HECHOS

PRIMERO.- Que el demandante prestó servicios para la empresa demandada [EMPRESA] desde el [DÍA] de [MES] de [AÑO], hasta el [DÍA] de [MES] de [AÑO], en que finalizó el contrato de trabajo que le unía con la empresa. (Se adjunta vida laboral como doc. n.º 1).

SEGUNDO.- Que durante el periodo de prestación de servicios ha ostentado el grupo profesional de [GRUPO_PROFESIONAL] y percibió un salario [CANTIDAD] euros, incluida la prorrata de pagas extras.

TERCERO.- Que por resolución del Servicio Público de Empleo Estatal, de fecha de [DÍA] de [MES] de [AÑO] me fue concedida prestación por desempleo, por un periodo de [NÚMERO] meses, sobre una base reguladora de [CANTIDAD] euros.

CUARTO.- Que durante la prestación de servicios para la empresa codemandada, el salario percibido por el firmante en los diferentes años ha sido el siguiente: (2)

- Durante [ESPECIFICAR], la cantidad de [CANTIDAD] euros mensuales.
- Durante [ESPECIFICAR], la cantidad de [CANTIDAD] euros mensuales.
- Durante [ESPECIFICAR], la cantidad de [CANTIDAD] euros mensuales.

QUINTO.- Que en base a los salarios percibidos, la cotización a la Seguridad Social por la contingencia de desempleo debería haber sido la siguiente:

- Durante [ESPECIFICAR], la cantidad de [CANTIDAD] euros.
- Durante [ESPECIFICAR], la cantidad de [CANTIDAD] euros.
- Durante [ESPECIFICAR], la cantidad de [CANTIDAD] euros.

Por tanto, el promedio de las cotizaciones de los últimos seis meses, debería ser la cantidad de [CANTIDAD] euros, que debe ser la base reguladora de la prestación por desempleo concedida.

SEXTO.- Que se interpuso la preceptiva reclamación previa ante el Instituto Nacional de Empleo, con fecha [DÍA] de [MES] de [AÑO], la cual fue denegada por resolución de fecha [DÍA] de [MES] de [AÑO].

A los anteriores hechos son de aplicación los siguientes,

FUNDAMENTO DE DERECHO

I.- LEGITIMACIÓN

La ostenta el prestacionista en cuanto a la capacidad para ser parte establecida en el art. 16.1 de la LRJS.

II.- JURISDICCIÓN Y COMPETENCIA

La competencia para el conocimiento de esta pretensión la ostenta el Juzgado de lo Social al que nos dirigimos, tanto por razón de la materia y territorio, así como por la condición de los litigantes, pues así lo establecen los artículos 1.2.a), 6 y 10 de la Ley 36/2011, de 10 de octubre, reguladora de la jurisdicción social, que regula el procedimiento impugnatorio de sanciones.

III.- PROCEDIMIENTO

Por tratarse de una reclamación por falta de cotización para la obtención de la prestación por desempleo, el procedimiento adecuado es el correspondiente a la modalidad procesal de impugnación de prestaciones por desempleo, previsto en los arts. 140 y ss. de la Ley 36/2011, de 10 de octubre, reguladora de la jurisdicción social. Siguiendo la previsión general que establece el art. 102 de la LRJS, las respectivas modalidades procesales se regirán por las disposiciones establecidas para el proceso ordinario. (Art. 76-101 de la LRJS). (2)

IV.- FONDO DEL ASUNTO

El Real Decreto Legislativo 8/2015, de 30 de octubre, por el que se aprueba el Texto Refundido de la Ley de la Seguridad Social, en concreto sus artículos 266 y siguientes, reguladores de la protección por parte de la Seguridad Social de la contingencia de desempleo en su nivel contributivo, y en concreto sus artículos 269 y 270, que regulan la duración y cuantía de la prestación por desempleo.

El Real Decreto 625/1985, de 2 de abril, por el que se desarrolla la Ley 31/1984, de 2 de agosto, de protección por desempleo, en concreto su artículo 4, que regula la duración y cuantía de la prestación.

Por lo expuesto,

SOLICITO AL JUZGADO DE LO SOCIAL:

Que teniendo por formulada demanda de impugnación de BASE REGULADORA DE PRESTACIONES POR DESEMPLEO contra el SERVICIO PÚBLICO DE EMPLEO ESTATAL se sirva admitirla y en su día, previos los trámites de ley, y tras la citación de las partes para la celebración del acto del juicio, dictar sentencia por la que se condene al Instituto Nacional de empleo a reconocer al firmante una base reguladora a efectos de la prestación por desempleo de [CANTIDAD] euros, abonándole las prestaciones reconocidas de acuerdo a dicha base reguladora, sin perjuicio de las responsabilidades en que hubiera podido incurrir la empresa codemandada [NOMBRE_EMPRESA], por ser ello conforme a justicia y derecho.

OTROSÍ DIGO: a la celebración de la vista del juicio, comparecerá el Graduado Social, que encabeza la presente demanda, en nombre y representación del demandante, designándose el domicilio de su despacho profesional sito en [DOMICILIO_DESPACHO] a efectos de citaciones y notificaciones.

SOLICITO AL JUZGADO DE LO SOCIAL:

Que tenga por hecha dicha manifestación, siendo justicia que reitero.

En [PROVINCIA], [DÍA] de [MES] de [AÑO].

[FIRMA]

---

(1) Las partes podrán comparecer por sí mismas o conferir su representación a abogado, procurador, graduado social colegiado o cualquier persona que se encuentre en el pleno ejercicio de sus derechos civiles. La representación podrá conferirse mediante poder otorgado por comparecencia ante el secretario judicial o por escritura pública. En el caso de otorgarse la representación a abogado, deberán seguirse los trámites previstos en el art. 21.2 de la LRJS.

(2) La base reguladora de la prestación por desempleo se calcula en atención a las cotizaciones a la Seguridad Social de los últimos 180 días cotizados antes de la situación por desempleo. (STS n.º 43/2018, de 24 de enero de 2018, ECLI:ES:TS:2018:552).

Formulario de demanda de reclamación contra suspensión/extinción de prestación por desempleo por salida al extranjero

AL JUZGADO DE LO SOCIAL DE [PROVINCIA]

D./D.ª [NOMBRE_ABOGADO_CLIENTE] (1), letrado en ejercicio del Ilte. Colegio de Abogados de [PROVINCIA], con despacho abierto en [LOCALIDAD], calle [CALLE] n.º [NÚMERO], el cual vengo a designar a efectos de comunicaciones, en nombre y representación de D./D.ª [NOMBRE_CLIENTE], mayor de edad, poseedor del DNI n.º [DNI], y vecino de [LOCALIDAD], con domicilio en [DOMICILIO_CLIENTE], conforme acredito con la copia de escritura de poder que al presente se acompaña, y que una vez testimoniada suficientemente en los autos solicito me sea devuelta por necesitarla para otros usos, ante el juzgado de lo social comparezco y como mejor proceda en derecho,

DIGO

Que por medio del presente escrito vengo a interponer demanda de impugnación de la base reguladora de prestaciones por desempleo contra el INSTITUTO NACIONAL DE EMPLEO, con domicilio en [PROVINCIA], demanda que apoyo en los siguientes

HECHOS

PRIMERO.- Mi representado se encuentra afiliado y en alta en el régimen general de la Seguridad Social con el n.º [NÚMERO_SEGURIDAD_SOCIAL].

SEGUNDO.- Ha venido prestando servicios para la empresa [NOMBRE_EMPRESA] desde el día [DÍA] de [MES] de [AÑO], con la categoría de [CATEGORIA_PROFESIO-NAL], percibiendo un salario de [CANTIDAD] euros mensuales, incluida la parte proporcional de pagas extraordinarias y desarrollando su actividad en el centro de trabajo de [LUGAR_CENTRO_TRABAJO], hasta el día [DÍA] de [MES] de [AÑO], en que fue despedido, formulando la correspondiente demanda de conciliación ante el Servicio de Mediación Arbitraje y Conciliación, donde se llegó a la conciliación en el sentido de que la empresa reconocía la improcedencia del despido y ante la imposibilidad de readmisión, abonaba al actor, la cantidad de [CANTIDAD] euros, en concepto de indemnización, saldo y finiquito de la relación laboral.

TERCERO.- Con fecha [DÍA] de [MES] de [AÑO], el trabajador solicitó del Instituto Nacional de Empleo la prestación por desempleo, la cual me fue concedida por resolución de fecha [DÍA] de [MES] de [AÑO], durante un periodo de [DÍAS] días y con una base reguladora de [CANTIDAD] euros día, que se acompaña como documento n.º 1.

CUARTO.- Con fecha [DÍA] de [MES] de [AÑO], mi mandante viajó a [ESPECIFICAR] durante un periodo de [DÍAS] días, por motivos de [ESPECIFICAR]. Habiendo notificado esta situación previamente a la entidad gestora y siendo autorizada por resolución de fecha [DÍA] de [MES] de [AÑO], que se acompaña como documento n.º 2. (2)

QUINTO.- Con fecha [DÍA] de [MES] de [AÑO], el prestacionista recibió notificación del Instituto Nacional de Empleo de [PROVINCIA] en la que se le indicaba la extinción de su prestación con efectos de [FECHA] por motivo de [ESPECIFICAR], que se acompaña como documento n.º 3.

SEXTO.- Conforme se ha citado ya que el motivo del viaje fue [ESPECIFICAR] no procede la extinción de la prestación por desempleo sino su suspensión durante el periodo comprendido entre el [ESPECIFICAR] y el [ESPECIFICAR].

SÉPTIMO.- **Que** se interpuso la preceptiva reclamación previa ante el Instituto Nacional de Empleo, con fecha [DÍA] de [MES] de [AÑO], la cual fue denegada por resolución de fecha [DÍA] de [MES] de [AÑO], que se acompaña como documento n.º 3. (3)

A los anteriores hechos son de aplicación los siguientes,

FUNDAMENTOS DE DERECHO

I.- LEGITIMACIÓN

La ostenta el prestacionista en cuanto a la capacidad para ser parte establecida en el art. 16.1 de la LRJS. (4)

II.- JURISDICCIÓN Y COMPETENCIA

La competencia para el conocimiento de esta pretensión la ostenta el juzgado de lo social al que nos dirigimos, tanto por razón de la materia y territorio, así como por la condición de los litigantes, pues así lo establecen los artículos 1.2.a), 6 y 10 de la Ley 36/2011, de 10 de octubre, reguladora de la jurisdicción social, que regula el procedimiento impugnatorio de sanciones.

III.- PROCEDIMIENTO

Por tratarse de una [SUSPENSIÓN_O_EXTINCIÓN] de la prestación por desempleo el procedimiento adecuado es el correspondiente a la modalidad procesal de impugnación de prestaciones por desempleo, previsto en los arts. 140 y ss. de la Ley 36/2011, de 10 de octubre, reguladora de la jurisdicción social. Siguiendo la previsión general que establece el art. 102 de la LRJS, las respectivas modalidades procesales se regirán por las disposiciones establecidas para el proceso ordinario (arts. 76-101 de la LRJS).

IV.- FONDO DEL ASUNTO

- El Real Decreto Legislativo 8/2015, de 30 de octubre, por el que se aprueba el texto refundido de la Ley General de la Seguridad Social, en concreto su título III, regulador de la protección por parte de la Seguridad Social de la contingencia de desempleo en su nivel contributivo, y especialmente el artículo 272, en cuanto a establecer que el derecho a la percepción de la prestación por desempleo se extinguirá por traslado de residencia o estancia en el extranjero, salvo en los supuestos que sean causa de suspensión: (5)

I. En los supuestos de traslado de residencia al extranjero en los que el beneficiario declare que es para la búsqueda o realización de trabajo, perfeccionamiento profesional o cooperación internacional, por un período continuado inferior a doce meses, siempre que la salida al extranjero esté previamente comunicada y autorizada por la entidad gestora, sin perjuicio de la aplicación de lo previsto sobre la exportación de las prestaciones en las normas de la Unión Europea.

II. En los supuestos de estancia en el extranjero por un período, continuado o no, de hasta 90 días como máximo durante cada año natural, siempre que la salida al extranjero esté previamente comunicada y autorizada por la entidad gestora. No tendrá consideración de estancia ni de traslado de residencia la salida al extranjero por tiempo no superior a 30 días naturales por una sola vez cada año, sin perjuicio del cumplimiento de las obligaciones de los trabajadores y solicitantes y beneficiarios de prestaciones por desempleo.

El precepto transcrito, fue modificado en su momento por el art. 2.3 del Real Decreto-ley 2/2024, de 21 de mayo, ampliando el plazo de salida ocasional al extranjero de los quince días, establecidos hasta el 22/05/2024, a los treinta días en la actualidad. (6)

- El vigente art. 6.3 del Real Decreto 625/1985, de 2 de abril, por el que se desarrolla la Ley 31/1984, de 2 de agosto, de Protección por Desempleo, que en lo que interesa establece:

«El derecho a la prestación o al subsidio por desempleo quedará suspendido en los supuestos de traslado de residencia al extranjero en los que el beneficiario declare que es para la búsqueda o realización de trabajo, perfeccionamiento profesional, o cooperación internacional, por un período continuado inferior a doce meses, sin perjuicio de la aplicación de lo previsto sobre la exportación de las prestaciones en los Convenios o Normas comunitarias. En otro caso, el traslado de residencia al extranjero incumpliendo alguno de los requisitos anteriores supondrá la extinción del derecho.

No tendrá consideración de traslado de residencia la salida al extranjero por tiempo no superior a 15 días naturales por una sola vez cada año, sin perjuicio del cumplimiento de las obligaciones establecidas en el artículo 231.1 del texto refundido de la Ley General de la Seguridad Social, aprobado por el Real Decreto Legislativo 1/1994, de 20 de junio».

En relación a estos preceptos y el carácter de los mismos, se ha pronunciado el Tribunal Supremo en sentencias como:

1. STS, rec. 1234/2012, de 17 de junio de 2013, ECLI:ES:TS:2013:3753. Analizando la incidencia sobre la prestación de desempleo de la ausencia del territorio nacional de los beneficiarios, se definen el requisito general de disponibilidad para el trabajo en el ámbito territorial de actuación de los servicios públicos de empleo españoles y el concepto de «traslado de residencia» a los efectos del art. 213.a) de la LGSS:

«La diversidad de supuestos litigiosos y la complejidad de la normativa aplicable aconsejan una exposición lo más clara posible de las distintas soluciones jurisprudenciales que corresponde en derecho a tales supuestos. Seguimos en este punto la técnica utilizada en nuestra precedente STS 22-11-2011, que distingue los tres grupos de situaciones de la protección del desempleo: prestación "mantenida", prestación "suspendida" y prestación "extinguida". De acuerdo con las consideraciones expuestas en los fundamentos anteriores nos encontramos ante:

a) una prestación "mantenida" en los supuestos de salida al extranjero por tiempo no superior a quince días naturales al año, por una sola vez, siempre que el desplazamiento se haya comunicado a la Administración española en tiempo oportuno;

b) una prestación "extinguida", con la salvedad que se indica a continuación, en los supuestos de prolongación del desplazamiento al extranjero que comporte "traslado de residencia", es decir por más de los noventa días que determinan en la legislación de extranjería el paso de la estancia a la residencia temporal;

c) una prestación "suspendida" en el supuesto particular del artículo 6.3 del RD 625/1985 (redacción RD 200/2006) de "búsqueda o realización de trabajo" o "perfeccionamiento profesional" en el extranjero por tiempo inferior a "doce meses";

d) una prestación "suspendida", en todos los demás supuestos en que se haya producido el desplazamiento al extranjero por tiempo inferior a noventa días, con la consiguiente ausencia del mercado de trabajo español del beneficiario de la prestación de desempleo;

La aplicación de la doctrina general establecida en esta sentencia al caso controvertido conduce a la conclusión de que nos encontramos ante un supuesto de prestación "suspendida" y no de prestación "extinguida", como pretende la entidad gestora y ha resuelto la sentencia recurrida».

2. Se reitera doctrina de las STS, rec. 3229/2011, de 23 de octubre de 2012, ECLI:ES:TS:2012:8622; STS, rec. 228/2013, de 20 de enero de 2014, ECLI:ES:TS:2014:616, y STS, rec. 1432/2013, de 10 de marzo de 2014, ECLI:ES:TS:2014:2076.

Por lo expuesto,

SOLICITO AL JUZGADO DE LO SOCIAL:

Que habiendo por presentado este escrito con sus copias y documentos adjuntos, tenga por interpuesta en tiempo y forma demanda impugnación de la base reguladora de prestaciones por desempleo contra el INSTITUTO NACIONAL DE EMPLEO, acuerde señalar día y hora para la celebración del acto del juicio, y tras de éste y de los demás trámites oportunos, desde este momento, concluir dictando sentencia por la que con estimación de la demanda se condene al Instituto Nacional de empleo a la reposición de la prestación por desempleo —SUSPENDIDA o EXTINGUIDA— por salida al extranjero, reconociendo al firmante el derecho a percibir prestación por desempleo por un periodo de [NÚMERO] meses y conforme a una base reguladora de [CANTIDAD] euros, y condenando al mencionado SPEE al pago de las prestaciones correspondientes, por ser ello conforme a justicia y derecho al no haber procedido la —SUSPENSIÓN o EXTINCIÓN— de la prestación.

En [PROVINCIA], [DÍA] de [MES] de [AÑO].

[FIRMA]

---

(1) Las partes podrán comparecer por sí mismas o conferir su representación a abogado, procurador, graduado social colegiado o cualquier persona que se encuentre en el pleno ejercicio de sus derechos civiles. La representación podrá conferirse mediante poder otorgado por comparecencia ante el secretario judicial o por escritura pública. En el caso de otorgarse la representación a abogado, deberán seguirse los trámites previstos en el art. 21.2 de la LRJS.

(2) El derecho a la percepción de la prestación por desempleo se extinguirá por traslado de residencia o estancia en el extranjero, salvo en los supuestos que sean causa de suspensión:

- En los supuestos de traslado de residencia al extranjero en los que el beneficiario declare que es para la búsqueda o realización de trabajo, perfeccionamiento profesional o cooperación internacional, por un período continuado inferior a doce meses, siempre que la salida al extranjero esté previamente comunicada y autorizada por la entidad gestora, sin perjuicio de la aplicación de lo previsto sobre la exportación de las prestaciones en las normas de la Unión Europea.

- En los supuestos de estancia en el extranjero por un período, continuado o no, de hasta 90 días como máximo durante cada año natural, siempre que la salida al extranjero esté previamente comunicada y autorizada por la entidad gestora. No tendrá consideración de estancia ni de traslado de residencia la salida al extranjero por tiempo no superior a 30 días naturales por una sola vez cada año, sin perjuicio del cumplimiento de las obligaciones de los trabajadores y solicitantes y beneficiarios de prestaciones por desempleo.

Se sigue la doctrina de la Sala IV del Tribunal Supremo, fijada en su sentencia, rec. 4325/2011, de 18 de octubre de 2012, ECLI:ES:TS:2012:7817, que también siguió su sentencia, rec. 4373/2011, de 30 de octubre de 2012, ECLI:ES:TS:2012:7896, de forma que, en casos singulares diferentes, determinantes de soluciones diversas por razón de la distinta duración de los viajes de los beneficiarios y la existencia o no de comunicación al SPEE.

(3) Será requisito necesario para formular demanda en materia de prestaciones de Seguridad Social, que los interesados interpongan reclamación previa ante la Entidad gestora de las mismas. Se exceptúan los procedimientos de impugnación de las resoluciones administrativas expresas en las que se acuerda el alta médica emitidas por los órganos competentes de las Entidades gestoras de la Seguridad Social al agotarse el plazo de duración de trescientos sesenta y cinco días de la prestación de incapacidad temporal.

(4) El art. 6 de la Ley 1/2000, de 7 de enero, de Enjuiciamiento Civil, concede capacidad para ser parte en el proceso a las personas físicas o jurídicas en general y aquellos otros que se relacionan en el precepto legal. Las personas jurídicas sólo formarán parte de este proceso en su calidad de imputados por ser parte interesada como empresa que con anterioridad contrató al trabajador desempleado que solicita la prestación de desempleo y en torno a ella tiene un conflicto con el SPEE. En este proceso no existe diferencia alguna frente al resto de los procesos que se articulan en el orden social en cuanto a la capacidad para ser parte (art. 16.1 de la LJS). Por lo tanto, podrán comparecer en juicio en defensa de sus derechos e intereses legítimos quienes se encuentren en el pleno ejercicio de sus derechos civiles, es decir, los mayores de edad no incapacitados judicialmente (art. 322 de la Ley de Enjuiciamiento Civil) y los menores emancipados (art. 323 de la Ley de Enjuiciamiento Civil). Tienen también capacidad procesal respecto de sus derechos e intereses derivados del contrato de trabajo o de las relaciones de Seguridad Social los mayores de 16 años que no precisen Autorización para celebrar el contrato de trabajo (los que vivan de forma independiente con consentimiento de sus padres o tutores o la hayan obtenido si la precisan [art. 16.2 de la LRJS y art. 7.b) del ET]. Por quienes no puedan comparecer por sí mismos lo harán sus representantes legítimos o quienes deban suplir su incapacidad (arts. 154.2; 162; 267 y 271.3 del Código Civil).

(5) Sentencias citadas a modo de ejemplo. Téngase en cuenta el cambio normativo realizado por el Real Decreto-ley 2/2024, de 21 de mayo, ampliando el plazo de salida ocasional al extranjero de los quince días a los treinta.

(6) De conformidad con la D.T. 1.ª del citado Real Decreto-ley, estas modificaciones se aplicarán a las prestaciones posteriores al 1 de noviembre de 2024.

Formulario de demanda de reclamación contra denegación de prestación por desempleo

AL JUZGADO DE LO SOCIAL DE [LOCALIDAD]

D./D.ª [NOMBRE_ABOGADO_CLIENTE] (1), letrado en ejercicio del Ilte. Colegio de Abogados de [PROVINCIA], con despacho abierto en [LOCALIDAD], calle [CALLE] n.º [NÚMERO], el cual vengo a designar a efectos de comunicaciones, en nombre y representación de D./D.ª [NOMBRE_CLIENTE], mayor de edad, poseedor del DNI n.º [DNI], y vecino de [LOCALIDAD], con domicilio en [DOMICILIO_CLIENTE], conforme acredito con la copia de escritura de poder que al presente se acompaña, y que una vez testimoniada suficientemente en los autos solicito me sea devuelta por necesitarla para otros usos, ante el Juzgado de lo Social comparezco y como mejor proceda en derecho,

DIGO

Que por medio del presente escrito vengo a interponer demanda de impugnación de la base reguladora de prestaciones por desempleo contra el SERVICIO PÚBLICO DE EMPLEO ESTATAL (SPEE), con domicilio en [PROVINCIA], demanda que apoyo en los siguientes,

HECHOS

PRIMERO.- Mi representado se encuentra afiliado y en alta en el régimen general de la Seguridad Social con el n.º [NÚMERO_SEGURIDAD_SOCIAL].

SEGUNDO.- Ha venido prestando servicios para la empresa [NOMBRE_EMPRESA] desde el día [DÍA] de [MES] de [AÑO], con el grupo profesional de [GRUPO_PROFESIONAL], percibiendo un salario de [CANTIDAD] euros mensuales, incluida la parte proporcional de pagas extraordinarias y desarrollando su actividad en el centro de trabajo de [LUGAR_CENTRO_TRABAJO], hasta el día [DÍA] de [MES] de [AÑO], en que fue despedido, formulando la correspondiente demanda de conciliación ante el Servicio de Mediación Arbitraje y Conciliación, donde se llegó a la conciliación en el sentido de que la empresa reconocía la improcedencia del despido y ante la imposibilidad de readmisión, abonaba al actor, la cantidad de [CANTIDAD] euros, en concepto de indemnización, saldo y finiquito de la relación laboral.

TERCERO.- Con fecha [DÍA] de [MES] de [AÑO], el trabajador solicitó del SPEE la prestación por desempleo, la cual me fue denegada por resolución de fecha [DÍA] de [MES] de [AÑO], al entender dicho organismo, que el solicitante no se encontraba en situación legal de desempleo conforme a lo establecido en el apdo. [ESPECIFICAR] (1) del artículo 267 del Real Decreto Legislativo 8/2015, de 30 de octubre, por el que se aprueba el Texto Refundido de la Ley de la Seguridad Social dado que no se había producido demanda por despido ante los Juzgados de lo Social competentes.

CUARTO.- Se interpuso la preceptiva reclamación previa (2) ante el Servicio Público de Empleo, con fecha [DÍA] de [MES] de [AÑO], la cual fue denegada por resolución de fecha [DÍA] de [MES] de [AÑO].

QUINTO.- La base reguladora de la prestación por desempleo será la de [CANTIDAD] euros.

A los anteriores hechos son de aplicación los siguientes,

FUNDAMENTOS DE DERECHO

I.- COMPETENCIA Y JURISDICCIÓN

La competencia para el conocimiento de esta pretensión la ostenta el Juzgado de lo Social al que nos dirigimos, tanto por razón de la materia y territorio, así como por la condición de los litigantes, pues así lo establecen los artículos 1.2.a), 6 y 10 de la Ley 36/2011, de 10 de octubre, Reguladora de la Jurisdicción Social, que regula el procedimiento impugnatorio de sanciones.

II.- CAPACIDAD Y LEGITIMACIÓN

La legitimación la ostenta el prestacionista en base al art. 17.1 de la LRJS, donde se establece: «los titulares de un derecho subjetivo o un interés legítimo podrán ejercitar acciones ante los órganos jurisdiccionales del orden social, en los términos establecidos en las leyes».

En cuanto a la capacidad para ser parte según lo establecido en el art. 16.1 de la LRJS.

III.- PROCEDIMIENTO

Por tratarse de una materia de seguridad social el procedimiento adecuado sería el establecido en los arts. 80 a 101 de la LRJS, con las particularidades establecidas en los arts. 140 y ss. del mismo texto legal.

IV.- AGOTAMIENTO DE LA VÍA ADMINISTRATIVA PREVIA A LA VÍA JUDICIAL SOCIAL

El art. 69.1 de la LRJS, por cuanto establece para poder demandar al Estado, comunidades autónomas, entidades locales o entidades de Derecho público con personalidad jurídica propia vinculadas o dependientes de los mismos el requisito de haber agotado la vía administrativa, cuando así proceda, de acuerdo con lo establecido en la normativa de procedimiento administrativo aplicable.

V.- FONDO DEL ASUNTO

El Real Decreto Legislativo 8/2015, de 30 de octubre, por el que se aprueba el Texto Refundido de la Ley de la Seguridad Social, en concreto sus artículos 266 y siguientes, reguladores de la protección por parte de la Seguridad Social de la contingencia de desempleo en su nivel contributivo, y especialmente el apdo. [ESPECIFICAR] (3) del artículo 267, en cuanto a establecer que no se encontrarán en situación legal de desempleo los trabajadores despedidos que no reclamen en tiempo y forma contra la decisión empresarial, circunstancia que no concurre en el presente caso, como se acreditará en su momento procesal oportuno.

En relación con el motivo de la denegación por parte del SPEE de la prestación [DESCRIPCIÓN].

Por lo expuesto,

SUPLICO AL JUZGADO:

Habiendo por presentado este escrito con sus copias y documentos adjuntos, tenga por interpuesta en tiempo y forma demanda impugnación de la base reguladora de prestaciones por desempleo contra el SERVICIO PÚBLICO DE EMPLEO ESTATAL, acuerde señalar día y hora para la celebración del acto del juicio, y tras de éste y de los demás trámites oportunos, incluido el de recibimiento del pleito a prueba que expresamente se solicita, desde este momento, concluir dictando sentencia por la que con estimación de la demanda se condene al SPEE a reconocer al firmante el derecho a percibir prestación por desempleo por un periodo de [NÚMERO] meses y conforme a una base reguladora de [CANTIDAD] euros, y condenando al mencionado SPEE al pago de las prestaciones correspondientes, por ser ello conforme a justicia y derecho.

En [LOCALIDAD], a [DÍA] de [MES] de [AÑO].

[FIRMA]

PRIMER OTROSÍ DIGO: interesa al derecho de esta parte valerse en el acto del juicio, sin perjuicio de su ampliación en el momento procesal oportuno, de los siguientes medios de prueba:

DOCUMENTAL:

1. Para que se tengan por aportados los documentos que se acompañan al presente escrito, y los que en su día se aportarán.

2. Que se requiera al SPEE para que aporte el expediente administrativo completo, con antelación suficiente al acto del juicio, para que el letrado designado lo pueda estudiar.

En su virtud,

SUPLICO AL JUZGADO:

Tenga por realizadas las anteriores manifestaciones a los efectos oportunos.

Por ser justicia, fecha y lugar «ut supra»

[FIRMA]

---

(1) Las partes podrán comparecer por sí mismas o conferir su representación a abogado, procurador, graduado social colegiado o cualquier persona que se encuentre en el pleno ejercicio de sus derechos civiles. La representación podrá conferirse mediante poder otorgado por comparecencia ante el secretario judicial o por escritura pública. En el caso de otorgarse la representación a abogado, deberán seguirse los trámites previstos en el apartado 2 del art. 21 de la LRJS.

(2) Formulada reclamación previa, y conforme al art. 71 de la LRJS, la Entidad deberá contestar expresamente a la misma en el plazo de 45 días. En caso contrario se entenderá denegada la reclamación por silencio administrativo. Tras la denegación, expresa o por silencio administrativo existe un plazo de 30 días para presentar la demanda ante el Juzgado de lo Social.

(3) Según el art. 267.1 a) de la Ley General de la Seguridad Social, se encontrarán en situación legal de desempleo los trabajadores a los que se extinga su relación laboral: a) despido colectivo según el artículo 51 del texto refundido de la Ley del Estatuto de los Trabajadores, los trabajadores afectados por un despido colectivo tienen derecho a prestaciones por desempleo; b) muerte, jubilación o incapacidad del empresario: estas circunstancias, que determinan la extinción del contrato de trabajo, también dan derecho a prestaciones; c) despido y extinción del contrato por motivos inherentes a la persona trabajadora regulado en la disposición adicional tercera de la Ley 32/2006, de 18 de octubre; d) extinción del contrato por causas objetivas; e) resolución voluntaria por parte del trabajador: en los supuestos previstos en los artículos 40, 41.3, 49.1.m) y 50 del texto refundido de la Ley del Estatuto de los Trabajadores; f) expiración del tiempo convenido en contratos temporales: incluyendo contratos formativos o de duración determinada por circunstancias de la producción o sustitución de personal; g) resolución de la relación laboral durante el período de prueba a instancia del empresario; y, h) extinción del contrato de trabajo en el Servicio del Hogar Familiar: conforme al artículo 11.2 del Real Decreto 1620/2011.